KALIFORNIEN

Mit Bildern von Christian Heeb
und Texten von Stefan Nink

INHALT   KALIFORNIEN

Seite 8/9:
Zwei Wohnmobile in den Alabama Hills.
Die Region im Osten Kaliforniens ist bekannt
als Drehort zahlreicher Western. Auch
Szenen des „Gladiator" mit Russell Crowe
in der Hauptrolle wurden hier gefilmt.

Seite 12/13:
Das De Young Museum im Golden Gate Park
in San Francisco ist für seine umfangreichen
Sammlungen amerikanischer Kunst aus
dem 17. bis 20. Jahrhundert bekannt. Das
ursprüngliche Gebäude wurde bei einem
Erdbeben 1989 schwer beschädigt, der
vom Architektenbüro Herzog & de Meuron
entworfene Neubau dann 2005 eröffnet.

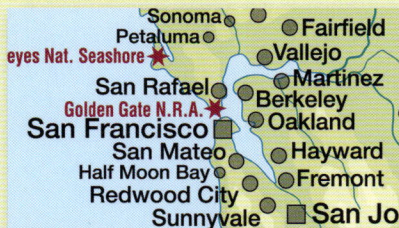

Ein besonderes Stück Welt – Kalifornien

Meistens passiert es am dritten oder vierten Tag, wenn der Jetlag halbwegs überwunden und nach dem Körper auch die Seele hier drüben im Westen angekommen ist. Und fast immer passiert es beim Autofahren. Das ist ja einfach hier, viel stressfreier als zu Hause, Radio an, Fenster gerade so weit nach unten, dass der Fahrtwind im Haar wuscheln kann, und los. Die Finger trommeln leise Synkopen auf das Lenkrad, und im Bauch direkt hinter dem Nabel schlägt irgendetwas einen kleinen, engen Glückssalto. „Ist das schön hier!", denkt man noch, links knabbert das Meer an der Küste, rechts klettern die Felsen Richtung kalifornisches Himmelsblau – und auf einmal ist man weg. Als ob man hypnotisiert worden sei. Natürlich ist man

Seite 14/15:
Schöne Aussichten: Blick vom Glacier Point ins Tal. Das Yosemite Valley ist der meistbesuchte Abschnitt aller kalifornischen Nationalparks.

Die Golden Gate Bridge ist beinahe allgegenwärtig in San Francisco: Sie taucht unvermittelt auf und scheint sich in jedes Foto schieben zu wollen. Als „Golden Gate" bezeichnet man übrigens jene Meerenge, die den Pazifik mit der San Francisco Bay verbindet.

nicht ganz weggetreten, schließlich fährt man ja immer noch Auto, aber so ein bisschen schon. Man hat plötzlich das Gefühl, als gehöre man hier hin. Als habe dieses Land nur darauf gewartet, dass man endlich zurückkommt, ganz seltsam ist das. Und ein schwebendes, schwereloses Gefühl. Zwanzig Sekunden später ertappt man sich dabei, dass man laut mit dem Radio singt.

Doch, dieses Kalifornien ist ein besonderes Stück Welt. Beim ersten Besuch sowieso, und beim siebten, achten oder neunten zum Glück immer noch. Kalifornien ist Kalifornien ist Kalifornien, und doch ist es jedes Mal anders und jedes Mal neu. Liegt daran, dass sich hier so viel tut. Kalifornien ist

ein Land, das nie so ganz mit sich zufrieden ist – und sich deshalb permanent neu erfindet. Man glaubt, es durch und durch zu kennen, und dann kommt man nach zwei, drei Jahren wieder, und alles ist neu, die Restaurants, die Bars, die Szenen, die In-Viertel. Kalifornien schafft Trends wie Shanghai Hochhäuser, und wenn sie dann von Kalifornien aus die Welt erobert haben, die Trends, dann gibt es hier drüben schon wieder neue. Wundern muss einen das überhaupt nicht: Wo schon solche Grundsätzlichkeiten wie Shopping-Malls, Internet, Jeans, Barbie und Kreditkarte erfunden wurden, da hat man nun wirklich keine Probleme damit, Kleinigkeiten wie neue Wellness-Movements, Eco-Resort-Architektur oder die

17

Rechts:
Der Lassen Volcanic National Park mit dem Manzanita Lake ist ein nur wenig bekanntes Prachtstück ganz im Norden des Staates. Was möglicherweise auch mit seiner Lage zu tun hat: Wandern kann man hier eigentlich nur zwischen Juli und September; den langen Rest des Jahres ist hier alles schneebedeckt.

Oben:
Sieht ein bisschen aus wie auf Hawaii: Blick auf eine Bucht im Julia Pfeiffer Burns State Park.

vierte Generation der Pacific Rim Cuisine hinzubekommen. Wirklich nicht.

L.A. zum Beispiel: Klar kennt man das. Chateau Marmont, Rodeo Drive und Getty Museum, der Boardwalk in Venice, der Mullholland Drive mit seinen Villen und Palästen wie bei David Lynch, das H-O-L-L-Y-W-O-O-D-Zeichen oben in den Hügeln – sobald man an Kalifornien denkt, wird irgendwo in unserem Kleinhirn augenblicklich in einem mentalen Fotoalbum aus der City of Angels geblättert. Und natürlich gibt es das alles auch im richtigen Los Angeles. Das, und so viel mehr, dass man gar nicht mehr hinterher kommt in zwei, drei Tagen Aufenthalt. Vor Kurzem haben sie beispielsweise Downtown L.A. neu aufgelegt. Komplett. Der leicht angeschmuddelte Warehouse District ist restauriert und poliert, Galerien, Winzboutiquen, Bars, alles furchtbar neu, alles furchtbar angesagt. Wer dazugehören will, blättert in durchgestylten Cafés beim Latte in aktuellen Szenemagazinen aus Europa. Und trifft sich später zum Lunch in einem dieser Läden, die wie Hybriden aus Kunstausstellung und Sushi-Restaurant daherkommen.

Widersprüche vereint

Da kann man sich dann per W-Lan auch gleich die nächsten „What's Hot in L.A.“-Apps aufs Handy laden (wegen der kalifornischen Perma-Meta-morphose sollte man sich bei Reiseführern nur auf eher haltbare Sightseeing-Standards wie spanische Missionskirchen oder Sonnenuntergangs-Aussichtspunkte entlang der Küste verlassen). Und losfahren. Und dabei ein wenig über den Mythos Kalifornien nachdenken. Zum Beispiel darüber, wie man es hier im Westen hinbekommt, sämtliche Widersprüche scheinbar mühelos in sich zu vereinen. Dabei gibt es keinen zweiten US-Bundesstaat, der ähnlich in sich selbst gespalten ist wie Kalifornien. Auch, wenn das vor Ort kaum jemand wahrzunehmen scheint: Kalifornien ist eine schizophrene und multiple Persönlichkeit. Kalifornien hadert mit sich selbst, nörgelt, protestiert – und ist gleichzeitig absolut mit sich und der Welt im Reinen. Kalifornien ist ein Widerspruch in sich, ein Paradoxon. Und es ist das aus ganzem Leib und ganzer Seele.

Deutlichstes Symptom: Kalifornien und die Umwelt. Da erfindet und perfektioniert ein Staat die Suburbia, die Freeways und die Malls und vermendelt das alles zu jener charakterlosen „Placenessless“, die sich mittlerweile fast über den gesamten Kontinent ausbreitet – und wo wird am heftigsten dagegen protestiert? In Kalifornien. Da schafft es ein Moloch wie Los Angeles seit Jahrzehnten nicht, ein vernünftiges öffentliches Personennahverkehrssystem hinzubekommen und produziert mit seinen Staus eine Abgaswolke, die an manchen Tagen selbst den Blick über den Grand Canyon in Arizona (!) verschleiert – gleichzeitig werden im Norden gewaltige Wälder für sakrosankt erklärt, um die schätzungsweise sieben letzten Exemplare der Spotted Owl zu retten. Auf 21 Millionen Führerscheinbesitzer kommen in Kalifornien unglaubliche 35 Millionen Autos – hier werden aber auch mehr Fahrräder verkauft als irgendwo sonst in den USA. Kein anderer Bundesstaat hat in den vergangenen Jahren so viel Land unter Schutz gestellt; im Gegenzug verdoppelt sich die Bevölkerung alle 18 Jahre. Vor allem im Süden hat die Bevölkerungsexplosion dazu geführt, dass sich Kalifornien ganz oben auf der Liste befindet, wenn es um von Aussterben bedrohte Tierarten und Pflanzen geht. Auf deren Jagd oder Ausrupfen wiederum drastische Geld- oder Gefängnisstrafen stehen.

In Kalifornien interessieren solche Widersprüche überhaupt nicht. In Kalifornien ist alles wahr und gleichzeitig alles erfunden. Zu Kalifornien gehört die 1000cc-Harley genauso an den Strand wie der Inline-Skater. Der Hummer-Jeep ebenso in die Berge wie der Mountainbiker. Und die abgeholzten Wälder genauso wie die Windräder auf den Hügeln hinter San Francisco. Widersprüche? Was für Widersprüche? Die anderen sollen sich mal nicht so aufregen. Vor allem nicht die von der anderen Seite des Kontinents.

Wenn man Spaß haben will in Kalifornien, so richtig Spaß, dann beginnt man eine Unterhaltung an einer kalifornischen Hotelbar am Besten mit einem Halbsatz wie „Ich komme gerade aus New York, und da glauben sie ...“ Das war's schon – alles andere passiert jetzt von selbst. Was die da glauben in New York spielt dabei keine Rolle. In Kalifornien interessiert es nämlich nicht, was man in New York über Kalifornien denkt. Es interessiert hier auch niemanden, was Menschen irgendwo sonst über Kalifornien denken. In Kalifornien interessiert nur: Kalifornien. Und die Kalifornier. Als solche bezeichnen sich übrigens

Oben:
Durch den Cholla Cactus Garden im Joshua Tree National Park führt ein Spazierweg. Wer ihn geht, sieht in einer halben Stunde wahrscheinlich mehr Exemplare des „Teddybärenkaktus" als in seinem bisherigen Leben.

Links:
Der Ancient Bristlecone Pine Forest in den White Mountains ist Heimat alter, sehr alter Bäume: Der älteste soll circa 4750 Jahre auf der Rinde haben.

auch Leute, die erst vor zwei Wochen von Rhode Island hierhin gezogen sind. Und die in New York haben sowieso keine Ahnung.

Besondere Spezies

Rechts:
Typische Häuserzeile: San Franciscos Mason Street im Viertel Nob Hill.

Unten rechts:
Ein Stück China wie in Disneyland: Lampion-Fassade in San Franciscos Chinatown.

Unten:
San Franciscos Straßenbahnen heißen Cable Cars, weil die Wagen mit Hilfe eines in Schienen verlaufenden Eisenkabels gezogen werden, das unaufhörlich in Bewegung ist. Zum Fahren klammern sie sich mit einem Greif-mechanismus am Seil fest und lassen sich mitziehen; will man anhalten, wird das Seil einfach losgelassen (und bei abschüssigem Terrain zusätzlich eine Bremse gezogen).

Damit ist eines schon mal klar: Hier geht es um eine besondere Spezies. Und um ein besonderes Stück Amerika. Kalifornien! Da kann man lange überlegen und nachdenken, aber man wird mit Sicherheit auf keinen anderen US-Staat kommen, bei dessen Erwähnung mehr Mythos in der Luft liegt, sich mehr Bilder und Geschichten ihren Weg aus abgelegenen Kleinhirnregionen ins Bewusstsein suchen und – ja, doch: bei dem mehr Amerika

mitschwingt als bei Kalifornien. Nein, das ist einfach so: Es gibt keinen berühmteren Bundesstaat der USA, und einen vielseitigeren auch nicht. Und wahrscheinlich auch keinen, der Reisende so bezirzt und in seinen Bann schlägt.

Wo waren wir? Beim Autofahren. Darüber müssen wir sowieso nochmal reden – das gehört natürlich auch zu Kalifornien. Früher fuhr hier jeder, der etwas auf sich hielt, ein Cabrio – mittlerweile ist ein Hybridfahrzeug japanischer Fabrikation das beste Statussymbol (nachdem es zwischendrin und lange genug SUVs und militärische Nutzfahrzeuge wie der Hummer waren). Es gibt eine ganze Reihe Traumstrecken in Kalifornien, die vom Lake Tahoe hinunter zum Mono Lake zum Beispiel, die von Twentynine Palms quer durch den Joshua Tree National Park nach Mecca oder

Abendstimmung Downtown San Francisco: Weil die Stadt nicht bis in alle Ewigkeiten ausfranst, kann man sie gut zu Fuß erkunden – in den USA eine rare Ausnahme.

die 299 von Redding nach Eureka. Und den Highway 1. Den vor allem.

Ein Tag auf Kaliforniens berühmtester Küstenstraße ist wie ein Versprechen. Eines, das nach Kokossonnencreme duftet und sich anhört wie die „Greatest Hits" der Beach Boys auf Auto-Replay. Ein Versprechen von endlosem Sommer und ewiger Jugend. Ein Versprechen, dass alles gut werden wird, oder möglicherweise sogar schon ist. Das beschwingt einen natürlich. Das schleudert eine Großpackung Endorphine in die Umlaufbahn des Gehirns. Und das alles an so einem Tag, der einzig und allein gemacht scheint, um dieses Gefühl noch zu verstärken: auch typisch Kalifornien. Santa Barbara funkelt in der Morgensonne. Oben in den Santa Monica Mountains hängen Wolken wie Wattebäusche. Hinter San Simeon fliegt ein Schwarm Pelikane über der Brandung. Und die Bedienung in Big Sur schenkt einem ihr strahlendstes kalifornisches Lächeln. Ein Wahnsinnslächeln. Ein Lächeln, das man am liebsten einpacken und mitnehmen würde, um es an einem sicheren Ort aufzubewahren für schlechtere Zeiten. Für den nächsten Dauerregen in Deutschland zum Beispiel.

Poesie des Lichts

Dieses Big Sur ist überhaupt etwas Besonderes. Hatte das Zeug zum Mythos spätestens, als Jack Kerouac und John Steinbeck von der „Poesie des Lichtes" an diesem zauberhaftesten aller kalifornischen Küstenabschnitte schwärmten. So was hatte natürlich Folgen. Es kamen Gesundheitsapostel und Weisheitssucher und die anderen üblichen Verdächtigen, es kamen die ersten Hotels und Restaurants, und irgendwann kamen meisterliche Architekten und schmiegten mit dem „Post Ranch Inn" eines der schönsten Spas der USA in die Pinienhaine der Big-Sur-Küste. In das wiederum kommen jetzt Michael Douglas oder Jennifer Lopez, um sich mit hauseigenen Kräuteressenzen verwöhnen zu lassen. „Oh my god", entfährt es der Kassiererin an der Tankstelle in Big Sur, „ich glaube, da saß gerade Cameron Diaz im Auto! Oh! my! god!" Kann schon sein. Kann sogar sehr gut sein. Oh my god.

Verschneite Mammutbäume im Sequoia National Park. Wenn sie noch jünger sind, also etwa hundert oder zweihundert Jahre alt, sehen sie anders aus – der charakteristische astlose Stamm kommt erst in späteren Jahrhunderten zur Geltung.

Der Murray Canyon Trail in den Indian Canyons ist eine wunderbare Wanderstrecke, auf der man von der Umgegend von Palm Springs etwas mehr sieht als die Villen der Reichen und ihre Golfplätze.

Die meiste Zeit des Jahres ist Big Sur ein Traum in Blau, ein Stück American Pie wie aus einem Popsong aus den 1950er-Jahren. Wenn man allerdings Pech hat und schlechtes Wetter erwischt, könnte man genauso gut in Nord-Nebraska unterwegs sein oder irgendwo in Arkansas. Es gibt Tage, an denen ist Big Sur in dunkles Grau gehüllt, und ein undurchsichtiges Nebelwolkengischtgemisch verdeckt die Schönheit der Küste: Als wolle sie dem Reisenden signalisieren, bloß nicht alles für selbstverständlich zu halten. Denn diesen Mythos muss man sich schnell aus dem Kopf schlagen: Es scheint nicht immer bloß die Sonne in Kalifornien. Im Süden ist der Himmel im Sommer oft genug vom Rauch der Waldbrände geschwärzt; im Spätsommer 2013 standen in und um den Yosemite National Park fast tausend Quadratkilometer in Flammen. Und viele nördliche Landesteile gehen tatsächlich nicht nur durch alle vier Jahreszeiten, sondern haben einen härteren Winter als Europa. Kann gut sein, dass man noch im Mai nicht weiter als ein

paar hundert Meter in den Lassen Volcanic National Park in Nordkalifornien hineinfahren kann, bevor man vor dem Schnee kapitulieren muss. Gut möglich, dass der Tioga Pass, der von Osten in den Yosemite National Park hineinführt, bis in den frühen Sommer hinein gesperrt ist. Natürlich wollen die meisten Herbst- und Winterwetter vermeiden, wenn sie nach Kalifornien reisen, aber das ist nicht immer die beste Entscheidung. Für das Weltklasse-Skigebiet Squaw Valley sowieso, aber auch für andere Regionen. Zum Beispiel für Yosemite.

Herbstbunt und Winterweiß

Jene Tage zwischen Noch-Herbst und Beinahe-Winter, an denen die Welt in der Sierra sich nicht entscheiden kann zwischen Herbstbunt und Winterweiß und in denen eine seltsame Spannung in der Luft zu liegen scheint – das ist die schönste Zeit im Park. Anders als in anderen Teilen der USA bricht der Winter nicht zwangsläufig überfallartig über Yosemite hinein. Meistens ist es eher so, dass er sich zaghaft in den Park hineintastet, zögert, sich zurückzieht, einen neuen Anlauf nimmt. Zuerst werden die Abende merklich kühler, dann sind morgens die Pfützen zugefroren, dann liegt Reif über den Tuolumne Meadows, und dann, irgendwann, die erste zarte Schicht Schnee, wie eine Daunendecke, kleine weiße Hauben auf den halbrunden Granitkuppen. Dann sieht Yosemite aus wie auf den Schwarzweiß-Fotos von Anselm Adams, der mit 14 zum ersten Mal hierher kam, mit einer kleinen Kamera, die seine Eltern ihm geschenkt hatten. Anselm kam und sah und fotografierte, und ging anschließend nie mehr richtig weg, zumindest nicht im Herzen. Es sind seine feinen Nuancen von Licht und Schatten, das Spiel mit Linien und Kanten, das bildliche „Erfühlbarmachen" von Formationen wie dem Half Dome, die unser Bild von Yosemite geprägt haben. Im harschen Licht des Winters kann man leicht nachvollziehen, wie Adams den Park gesehen hat: Als Schöpfungswunder, das seine Kameras nie komplett einfangen konnten.

Auch außerhalb von Yosemite hat kein anderer US-Staat mehr grandiose Natur zu bieten als Kalifornien zwischen den Wüstendünen des Anza-Borrego State Parks und dem schneebedeckten Gipfel des Mount Shasta. Man kann hier Wochen (und Monate!) unterwegs sein, ohne ein einziges Mal das Meer zu erblicken, und hat am Ende der Reise doch nur einen Bruchteil der kalifornischen Naturschönheiten zu Gesicht bekommen. Wenn man Abwechslung braucht, liegen zwischendrin immer wieder nette Städtchen und Städte, in denen man für einen Tag oder eine Nacht bleiben kann. Beziehungsweise für etwas oder viel länger, schließlich gibt es ja auch noch San Francisco.

Szene-Epizentrum

Das ist noch immer die trendigste Stadt in diesem Teil des Kontinents und so etwas wie das Szene-Epizentrum der Westküste. Keine Woche, in der hier nicht ein spektakuläres neues Restaurant eröffnet, kein Monat, in dem deswegen in der Fachpresse nicht das alte Konkurrenzspielchen zwi-

schen L.A. und der City an der Bay in eine neue Runde geht. Meistens gewinnt Los Angeles, was aber selbstredend nichts an der Aura aus Stilbewusstsein ändert, die seit langem über San Francisco liegt und mittlerweile ein stattliches Stück über die Golden Gate Bridge hinaus nach Norden strahlt. Vielleicht noch nicht bis in die Hauptstadt Sacramento, auf jeden Fall aber bis Sonoma und Napa.

Das sind, klar, zwei kalifornische – ach was: zwei amerikanische Filetstücke. Natürlich trumpfen sie drüben in New York mit ihrem ganzen „Ach-wir-sind-so-europäisch"-Charme auf – ja und? Und wie bitteschön will der Kindergartenrummel, in den sich Vegas in den vergangenen Jahren verwandelt hat – wie bitteschön will der je gegen jene Dreieinigkeit von Sonne, Landschaft und Gastrokultur punkten, die das Leben hier bestimmt? Wenn man morgens sieht, wie die Sonne den Tau aus den Tälern hinausstreichelt, wenn man die Luft atmet und den Sommer riecht und beobachtet, mit welcher liebevollen Sorgfalt die Menschen hier die jungen Reben in den Fingern halten, dann ahnt man, dass möglicherweise etwas dran ist an dem Spruch, nach dem die Zeit hier am Reifegrad der Trauben gemessen wird. Abends setzt man sich dann mit einem Aperitif auf die Terrasse und schaut zu, wenn die Nacht wie Nebel aus der Erde steigt. Der Tag klammert sich nach Leibeskräften fest, als habe er sich in den Kopf gesetzt, die Party als Letzter zu verlassen. Dann verschwindet die Sonne irgendwann am Rand der Welt, und goldener Lack versiegelt die sanften Hügel.

Unten:
Manchmal ist weniger mehr: Der Roaring River Fall im Kings Canyon National Park fällt bloß 13 Meter in die Tiefe – das aber macht er perfekt.

Links:
Lake Shasta in der Nähe von Redding im nördlichen Kalifornien ist ein Paradies für Hausbootkapitäne – und ein wichtiges Trinkwasserreservoir.

Eine Kreuzung wie gemacht für ein Roadmovie: Die Highways 46 und 33 treffen im kalifornischen Central Valley zusammen.

Kalifornische Mythen

Ach ja. Vielleicht versteht man Kalifornien am ehesten, wenn man seinen Mythos Stück für Stück, Schlagwort für Schlagwort aufschlüsselt. Wollen wir? Dann los!

California Dreamin': Der Über-Mythos. Natürlich wurde der kalifornische Traum nicht von den Mamas & Papas erfunden (die haben ihn nur in ihre watteweichen Engelsharmonien gepackt) – er existierte vielmehr schon immer in den Köpfen und Herzen. Kein Amerikaner ist je in seinem Leben aufgewacht und hat gedacht: Mensch, ich gehe nach Missouri. Oder nach: Nebraska, Michigan, Indiana. Aber Kalifornien! Möglicherweise ist Kalifornien ja sogar mehr Bedürfnis als Traum. Und dass Kalifornien als geografisch-bundesstaatliche Realität kaum etwas gemein hat mit jenem Kalifornien, das der Rest der Welt im Kopf hat: Klar, auch das.

Die 49-ers: Die Gründerväter. Jene Hunderttausende, die 1849 dem Lockruf des Goldes folgten und wie die Heuschrecken ins vermeintlich Gelobte Land einfielen. Ihre Gier nach dem Edelmetall machte aus der Wildnis im Westen innerhalb weniger Jahre einen Staat und aus Käffern wie San Francisco Weltstädte. Die legendäre Mother Lode, die Mutter aller Goldadern, fanden sie allerdings nie. Heute rennen die Spieler des gleichnamigen Footballteams dem Ruhm hinterher.

Hollywood: Die Geldmaschine. Dass der Großraum Los Angeles ein höheres Bruttosozialprodukt aufweisen kann als ganz Afrika, hat er vor allem der Entertainment-Industrie zu verdanken. Die Welt unter dem weltberühmten H-O-L-L-Y-W-O-O-D-Schriftzug produziert aber nicht nur Milliarden-umsätze, sondern auch Präsidenten und Gouverneure und vor allem dieses „Waiting-to-be-discovered"-Gefühl, das wie eine tröstende Wolke selbst über den heruntergekommenen Kaschemmen der Stadt schwebt: Auch hier sind Bedienungen und Stripperinnen nicht wirklich welche, sondern eigentlich Drehbuchschreiberinnen, Regisseurinnen und Oscar-Preisträgerinnen in spe. Nur entdeckt werden müssen sie noch.

Kalifornisch: Der Lingo. Kalifornien darf von sich behaupten, die Sprache mit dem größten Wortschatz der Welt beinahe im Alleingang auf vielleicht 987 Vokabeln zurechtgestutzt zu haben. Wirklich wichtig sind nur noch Worte wie „like", „dude" und „ohmygod", die offensichtlich in jedem Satz verwendet werden müssen. Ein Belobigungs-Sternchen aber gibt es für die sprachlichen Finessen, mit denen Kalifornier ihren Kaffee bestellen – unter 15 Worten läuft da nix: „I'll have a double shot mocha latte, no sugar, fat free milk, with a shot of almond syrup, no chocolate on top, to go, please!" Das waren jetzt sogar 25.

Hotel California: Das Hotel. Das Original stand wahrscheinlich überhaupt nicht hier, sondern in Mexiko, da waren die Narkotika billiger und die Gesetze laxer. „Hotel California" ist heute der meistgespielte Song des Planeten, und selbst wenn die Eagles nie ein anderes Lied geschrieben hätten – dieses eine allein hätte sie zu Multimillionären gemacht. Wird an den Lagerfeuern dieser Welt übrigens gerne als Loblied verstanden, war aber als sarkastische Abrechnung mit dem kalifornischen Traum gemeint. „You can check out any time you like – but you can never leave."

Go West! Der Drang. Für die Pioniere war Kalifornien „the last frontier". Manche wollen das bis heute nicht einsehen. Und nehmen ihre Surfbretter und reiten die Wellen da draußen, als wollten sie diese letzte Grenze weiter hinaus in den Pazifik schieben. Übrigens: Wenn die Kalifornier nicht von ihrem Land schwärmen, dann lobpreisen sie Hawaii. Das liegt noch weiter im Westen.

Californication: Der Trend. Erfunden von der Rockband Red Hot Chili Peppers, bezeichnet die genetisch verankerte Neigung, sich die Welt untertan zu machen. Beziehungsweise: zu kalifornisieren. Funktioniert bislang auch ganz gut. Ur-kalifornische Erfindungen wie das Internet, das iPhone, die Jeans, der Microprozessor, der Videorecorder und die Kreditkarte haben sich weltweit durchgesetzt. Und die Vergötterung der Schönheit in ihrer menschlichen Form unter Beifügung von Silikon: Die auch.

The Big One: Das Beben. Kalifornien hat es in nur zwei Lebensspannen von absoluter Wildnis zum bevölkerungsreichsten Staat der USA gebracht. Was nichts daran ändert, dass die allermeisten seiner Bewohner sich genau dort niedergelassen haben, wo sie eigentlich nicht sein dürften. Kalifornien steht auf wackligen Beinen, und statistisch ist The Big One längst überfällig. Baumärkte legen deswegen gerne bunte Prospekte in die Sonntagsausgabe der L.A. Times. Mit Angeboten für Notstromaggregate, Schaufeln und Beile. Seid bereit!

Bis es aber so weit ist, kann man den Lockruf der Westcoast weiterhin vernehmen. Vielleicht ist Kalifornien ja das letzte wahre Land der unbegrenzten Möglichkeiten. Als der Westen erschlossen wurde, blieben paarundneunzig Prozent der Siedler irgendwo entlang des Weges hängen. Lediglich

jene, die noch immer das Neue, Unbekannte suchten: Die kamen nach Kalifornien. Das ist noch immer so. Und Kalifornien ist genau deswegen Kalifornien, weil sich hier all jene treffen, die zu kreativ, genial oder einfach nur ihrer Zeit ein paar Armlängen voraus waren, als dass sie sich anders-

wo je hätten wohl fühlen können. „Der Kontinent ist nicht ganz eben", hat der Architekt Frank Lloyd Wright – selbst so ein begnadeter Visionär – einmal gesagt, „alles, was anderswo locker ist, rollt früher oder später nach Kalifornien."

Und da sind sie jetzt also, sind aus Boston oder Washington gekommen und haben offensichtlich in Kalifornien genau das gefunden, was sie überall sonst vermisst hatten. Vielleicht haben sie es vorher noch nicht einmal gewusst. Wie man selbst, wenn man da draußen an der Küste entlang fährt und plötzlich das Gefühl hat, man gehöre hierhin.

Links:
Muss Liebe schön sein ... Paar am Strand von Santa Monica.

Links unten:
Neon in der Nacht: Zufahrt zum Santa Monica Pier.

Unten:
Wie in den guten alten Zeiten, als es noch keine Livestreams im Internet gab und man zur Premiere noch mit dem Cadillac vorfuhr: Drive-in-Kino in Los Angeles.

Seite 26/27:
Die Mojave-Wüste ist beinahe 60 000 Quadratkilometer groß; ihre Ausläufer reichen bis nach Nevada und Arizona. Der Joshua Tree ist die Indikatorenpflanze für diese Wüste – wo er vorkommt, ist Mojave.

Seite 28/29:
Wilde Küste: Der Highway 1 in Big Sur an der Pazifikküste schlängelt sich durch eine spektakuläre Landschaft.

25

Fabelhafte Natur –
der Norden

Kaliforniens Norden ist anders: anders als das übrige Kalifornien, anders als der Rest der USA, und möglicherweise gibt es so etwas wie Nordkalifornien auf der ganzen übrigen Welt kein zweites Mal. Doch! Das ist so! Wo sonst bitteschön existiert so ein Setzkasten an Landschaften denn noch irgendwo? Solche tiefen, dunklen Wälder mit diesen kristallenen Seen. Solche majestätischen, schneebedeckten Vulkane, die aussehen, als habe sie jemand mit Aquarellfarben und ziemlich viel Wasser an die Himmelsleinwand skizziert, ganz hastig, als habe er selbst nicht an die Existenz derart perfekt geformter Berggipfel geglaubt. Solche vermoosten Haine voller Mammutbäume und Riesenfarne. Solche Küsten, an denen statt Handtü-

S.F. (so nennen die Einwohner San Francisco – „Frisco" ist verpönt) hat eine verhältnismäßig kleine Downtown und nur wenige in den Himmel strebende Gebäude. Große Teile der Stadt sind reine Wohnviertel. Diese lebendigen Neighborhoods und die kaum zu übertreffende Lage am Wasser haben San Francisco den Ruf der „schönsten Stadt des Kontinents" eingebracht.

chern angespültes Holz liegt, von Salz und Sonne ausgebleichte Stämme, die im Licht des Mondes fahl zu leuchten scheinen.

Auch die Menschen hier kommen einem manchmal so vor, wie menschliches Treibgut, das Karrieredruck oder Scheidungsanwälte oder einfach nur die Zeitläufte hier angeschwemmt haben. Aus Nebraska und Idaho, aus Florida oder Alabama. Oder aus Südkalifornien, das sich so schnell und so gründlich verändert hat, dass für viele dort einfach kein Platz mehr ist. Im Gegensatz zum Süden ist der Norden Kaliforniens weites und vor allem leeres Land. Von Sonoma und Napa und natürlich der Bay Area mit dem ewig jungen San

Francisco einmal abgesehen kann man hier lange Stunden (oder auch Tage!) reisen, ohne das Gefühl zu haben, in einem der populärsten US-Staaten unterwegs zu sein. Natürlich ist der Norden kein touristisches Niemandsland. Wer aber Abwechslung vom Trubel des Südens sucht und in fabelhafter Natur durchatmen möchte: Der ist hier richtig.

In den 1970er-Jahren war hier mehr los. Damals wollten die Hippies eine neue Gesellschaft am äußersten Rand der alten gründen. Das Projekt endete rund um Shelter Cove in Drogenoperationen von industrieller Größenordnung. Davon ist offiziell nicht viel übrig geblieben, bis auf Romane

In der Bucht von Trinidad ankerten im Juni 1775 spanische Schiffe, deren Kapitäne das Land am Dreifaltigkeitstag formal für die Spanische Krone in Besitz nahmen. Vom lateinischen „trinitatis" leitet sich der heutige Name von Stadt und Bucht ab.

von T. C. Boyle („Grün ist die Hoffnung") und Thomas Pynchon („Vineland"). Und gelegentliche Reiseführer-Hinweise, man möge doch bitte unkommentierend das Weite suchen, wenn man beim Wandern versehentlich in einem Marihuana-Feld lande: Schusswaffengebrauch der Gegenseite sei eher wahrscheinlich.

Terra incognita

Der Norden Kaliforniens beginnt jenseits von San Francisco, und vielleicht ist der Küstenhighway die beste Strecke, um sich dem unbekannten Teil des Staates zu nähern. Für die meisten sind bereits die ersten Meilen hinter der Golden Gate Bridge „terra incognita". Der Point Reyes National Seashore beispielsweise, wo Kalifornien so tut, als sei es Irland: sattgrüne, rollende Hügel, glückliche Kühe und Leuchttürme, an deren Füßen die Brandung knabbert. Bodega Bay, ein kleiner, unspektakulärer Fischerort mit netten Restaurants. Oder Mendocino, von dem in den 1970er-Jahren schon Michael Holm träumte. Mendocino ist keine zusammenhängende Stadt, eher eine lockere Folge an Häusern und kleinen Anwesen direkt am Meer.

Tausend Einwohner, unter denen etwa tausend Künstler sein müssen, anders lassen sich all die Ateliers und Galerien nicht erklären.

Weiter nördlich liegen die Sonoma Coast State Beaches. Zum Glück ist das Wasser hier oben im Norden viel kälter als unten bei L.A., sonst wäre es wahrscheinlich sehr schnell vorbei mit der Ruhe. So aber hat man gleich am Highway zwanzig Kilometer Strand oft genug für sich allein: zum Joggen und Burgenbauen, zum Angeln oder Pelikanbeobachten. Und wenn man dann wirklich will, kann man zurück zum Auto und weiterfahren. Aber nur, wenn man wirklich will.

Und im Landesinnern? Liegen Kaliforniens berühmteste Weinanbaugebiete in einer Region, in der die Sommer unendlich lang sein können. Nur ein Stück weiter nördlich aber kommt der Winter früh und bleibt lange. Gut möglich, dass weite Teile des Lassen Volcanic National Park noch im Juni unter etlichen Metern Schnee ächzen und sich rechts wie links neben der Zufahrtsstraße weiße Wände türmen. Der Manzanita Lake sitzt wie ein

Modocs der teuerste in der Eroberungsgeschichte des Westens.

Über so etwas kann man lange nachdenken auf seiner Reise durch den Norden. Irgendwann kommt man dabei dann unweigerlich an den Punkt, an dem einem bewusst wird, wie wenig man eigentlich von diesem Land weiß, obwohl man doch so viel zu wissen scheint. Und wie wenig man versteht, und an wie vielen solcher Orte und Stellen man vorbeiläuft oder -fährt, ohne auch nur zu ahnen, welche Geschichten sie erzählen könnten. Erstaunlicherweise fühlt man sich in solchen Momenten aber überhaupt nicht hilflos. Eher hellwach, und neugierig, und offen für alles. In diesen Momenten scheint es, als hätte Kalifornien nur darauf gewartet, dass man es entdecken und erforschen und am liebsten auch umarmen möchte. Jetzt. Jetzt gleich. Sofort.

Links unten:
Schöner essen: Das „Bouchon" in Yountville im Napa Valley gilt als eines der besten Restaurants in diesem Teil Kaliforniens. Chefkoch Thomas Keller serviert französische Bistroküche – in einer Weingegend genau das richtige.

Unten:
Das Napa Valley gehört zu den berühmtesten Weinanbaugebieten des Kontinents. Es gibt hier 400 Weingüter – und über fünf Millionen Besucher jährlich.

gefasster Aquamarin zwischen den Bäumen, was ziemlich atemberaubend aussieht. Noch beeindruckender sind die versteinerten Lavafelder weiter nördlich im Lava Beds National Monument gleich hinter dem Thule Lake – die sehen aus, als habe man die fließende Lava schockgefroren. In diesem Lavabrocken-Labyrinth hat eine tausend Mann starke Armee der Vereinigten Staaten im Winter 1872/73 fünfzig Indianer zu fassen versucht. Fast ein halbes Jahr dauerte das Unternehmen. Kaum jemand weiß davon, und doch war der Feldzug gegen Chief Kentipoos und die

Links:
Der Pier 39 an San Franciscos Fisherman's Wharf ist der touristische Hotspot der Stadt. Berühmt ist der Steg nicht nur wegen seiner Shops, Cafés und Kneipen, sondern auch wegen seiner großen Seelöwen-Kolonie – manchmal liegen hier mehrere hundert Exemplare in der Sonne und sind weder zu überhören noch zu überriechen.

Unten:
Mit dem Cabrio über die Golden Gate Bridge von San Francisco. Sie ist das Wahrzeichen der Stadt an der Bay. Und irgendwie auch das ganz Kaliforniens.

Rechts:
San Franciscos Golden Gate Bridge gehört zu den schönsten Bauwerken des Kontinents. Sie wurde 1937 eröffnet und verbindet die Stadt mit dem Marin County und den nördlichen Landesteilen.

Oben:
Für den Autoverkehr musste die Golden Gate Bridge im Laufe ihrer Geschichte nur dreimal geschlossen werden – jedes Mal wegen starker Windböen, die ein Befahren zu gefährlich erscheinen ließen. Nebel gibt es hier allerdings regelmäßig.

Linke Seite:
Dank seiner kompakten Größe gehört San Francisco zu den wenigen US-amerikanischen Städten, die sich zu Fuß erkunden lassen, auch wenn so mancher Hügel Ansprüche an die Kondition stellt.

Im Viertel Haight-Ashbury stehen noch viele viktorianische Häuser. Weil die Mieten in den 1960er-Jahren hier sehr preiswert waren, zogen die Blumenkinder ein und feierten den „Summer of Love".

Man ahnt, warum San Francisco als schönste Stadt der USA gilt, oder? Straße am Telegraph Hill.

Links:
Auf und Ab: Der plötzlich einsetzende Goldrausch ließ San Francisco innerhalb kürzester Zeit von der Zelt- zur Großstadt werden. Für eine ordentliche Stadtplanung blieb da keine Zeit – wo Hügel im Weg waren, wurde eben über Hügel hinweggebaut. Blick durch die Straßen von S.F. auf Downtown.

Oben:
Das Transamerica Pyramid Building ist das architektonische Wahrzeichen von Downtown San Francisco. Der Architekt William Pereira hat es Ende der 1960er-Jahre entworfen; 1972 wurde es fertiggestellt. Das Sentinel Building rechts daneben stammt aus dem Jahr 1906. Hier haben die Regisseure George Lucas und Francis Ford Coppola Büros.

Rechts:
Hölzerne Models: San Franciscos Painted Ladies am Alamo Square sind beliebte Postkartenmotive. Vor dem großen Erdbeben und dem anschließenden Feuer 1906 waren fast alle Häuser der Stadt aus Holz gebaut; heute gibt es nur noch wenige dieser sogenannten Victorians.

Links:
Wenn reiche Frauen ihrer Stadt etwas Gutes tun wollen, dann ordnen sie testamentarisch die Errichtung solcher Gebäude an: Der Coit Tower wurde nach dem Tod von Lillie Hitchcock Coit 1933 gebaut, „um die Schönheit der Stadt zu mehren". Auch zu Lebzeiten war Mrs. Coit als eher exzentrische Bürgerin der Stadt bekannt: Sie rauchte Zigarren in der Öffentlichkeit und trug Männerhosen, lange bevor dies selbstverständlich war.

Unten:
Eine Fahrt mit den Cable Cars ist natürlich
ein Muss bei jedem San-Francisco-Besuch.
Die Bahnen sind allerdings nicht nur für
Touristen da, sondern ein wichtiger Teil des
öffentlichen Transportsystems der Stadt.

Rechts:
Durchaus erlaubt: Wenn es drinnen zu voll wird,
darf man auch draußen mitfahren. Nur während
der Fahrt auf- oder abspringen darf man nicht.

Seite 44/45:
Rauf und Runter: Auch auf der Lombard Street
muss man mit starkem Gefälle und Steigungen
kämpfen – teilweise betragen sie 27 Prozent!

Oben:
Die Cable Cars fahren seit 1873 in der Stadt. Erfunden
wurden sie übrigens auch, um das Auf und Ab der
Straßen besser bewältigen zu können.

Nach New York City besitzt San Francisco
die größte chinesische Gemeinde der USA.
Wie in NYC ist Chinatown auch hier eine
Stadt innerhalb der Stadt – mit eigenen
Bräuchen und Ritualen, und manche sagen:
auch mit eigenen Gesetzen.

Oben:
Shoppen wie in Shanghai: In San Franciscos
Chinatown gibt es Dinge, die man sonst nur
in Asien finden würde.

Rechts:
Und auch die meisten Schilder versteht man
in Chinatown nicht, wenn man kein Chinesisch
kann.

Oben:
Mel's drive-in auf der
Lombard Street erinnert
an ein Stück amerikanische
Kultur aus den 1950er-
Jahren: Hamburger und
Milchshakes im Auto waren
damals selbstverständlich.

Rechts:
Immer noch ein bisschen
anders als der Rest der Stadt:
Verkäuferin in einem Laden
in Haight-Ashbury (Zentrum
der Flower-Power Bewegung
in den 1960er-Jahren).

Links:
North Beach ist eines der schönsten Viertel in San Francisco. Der von italienischen Einwanderern geprägte Bezirk ist ein wunderbarer Ort für einen ausgedehnten Spaziergang.

Unten:
Das Viertel Haight-Ashbury (benannt nach den sich hier kreuzenden Haight und Ashbury Streets) war Ende der 1960er-Jahre Epizentrum der kalifornischen Flower-Power-Bewegung – und hat sich bis heute ein gewisses Hippie-Flair erhalten können.

Linke Seite:
Der Maritime National Historical Park ist eine Art Freilichtmuseum mitten in der Stadt. Am Hyde Street Pier ist eine komplette historische Flotte vertäut.

Fisherman's Wharf entstand in den 1950er-Jahren, als sich in dieser Ecke der Stadt viele italienische Fischerfamilien ansiedelten. Auch heute liegen hier noch viele Boote und Schiffe.

Noch ein Wahrzeichen: Die Gefängnisinsel Alcatraz wurde 1934 eröffnet und später zum Hochsicherheitsgefängnis umgebaut; 1963 wurde die Haftanstalt geschlossen. Berühmte Insassen waren Al Capone, Machine Gun Kelly und Robert Franklin Stroud. Angeblich gab es nur 14 Ausbruchsversuche, die alle erfolglos verliefen. Heute ist Alcatraz eine beliebte Besucherattraktion.

Oben:
The Embarcadero – die Straße entlang der San Francisco Bay. Der Begriff stammt aus dem Spanischen: „embarcar" bedeutet so viel wie „einsteigen". Hier das Ferry Building, das 1898 eröffnet wurde.

Rechts:
Blick auf die funkelnden Lichter von „The Embarcadero": Die Gegend gehört zum Hafen der Stadt.

Oben:
Es gab einmal eine Zeit,
da war das hier einer der
umsatzstärksten Häfen des
Kontinents: Pier 7 am Abend.

Links:
Und noch ein Moment
aus der guten alten Zeit:
Schaufelraddampfer im
Hafen von San Francisco.

Von Nuggets und Pfannen –
DER GOLDRAUSCH

Rechts:
Flugblatt für eine Schiffpassage nach Kalifornien. Solche Transporte waren eine Alternative zum mühevollen, langwierigen und nicht ungefährlichen Weg über Land. Aus der Goldrausch-Ära stammt auch das Lied vom „Hamborger Veermaster".

Oben:
Amerikaner lieben Kostüme und die Verklärung ihrer Geschichte, und an Orten wie dem Columbia State Historic Park kommen beide zusammen: Goldgräber in voller Montur.

Rechts:
Dorf von Welt: 1851 war San Francisco der Mittelpunkt des Goldrauschs. Dabei verdienten nicht die Goldsucher am meisten, sondern jene, die den Prospektoren Werkzeuge, Vorräte und ein Dach über dem Kopf verkauften.

Wer wissen möchte, wie das war, damals, wer nachvollziehen möchte, warum der Goldrausch seinen (deutschen) Namen völlig zu Recht hat: Der sollte bei seiner Reise durch Kalifornien fünfzehn Dollar ausgeben. So viel kostet eine einfache Goldpfanne im Laden, und mehr als diese Pfanne braucht man nicht, um an einem der zahllosen Bäche und Flüsse sein Glück zu versuchen. Dann muss man bloß noch die Hosenbeine hochkrempeln, die Zähne zusammenbeißen und ins kalte Wasser steigen. Mit der Pfanne eine Ladung Sand und kleine Steinchen schöpfen und sie mit gleichmäßigen, ruhigen Kreiselbewegungen ausschwemmen. Irgendwann wird nur noch eine feine Schicht dunkler Sand in der Pfanne liegen. Und möglicherweise etwas, das golden funkelt. Passiert das, ist es wahrscheinlich zu spät: Zwei oder drei dieser winzigen, schimmernden Flöckchen haben schon Lebensläufe verändert. Eine

Urlaubsplanung können sie da ganz locker über den Haufen werfen.

Völkerwanderung

James Wilson Marshall muss das geahnt haben: Als der Zimmermann am 24. Januar 1848 beim Bau einer Sägemühle einen Nugget fand, beschwor er seine Arbeiter zum Stillschweigen. Aber Gold löst die Zungen, auch die verschwiegensten, und nur ein paar Wochen später berichtete San Franciscos Tageszeitung „The Californian" über den Fund, und alsbald machte sich die größte Völkerwanderung seit den Kreuzzügen auf den Weg Richtung Westen. Innerhalb zweier Jahre explodierte Kaliforniens zugezogene Bevölkerung von 14 000 auf 100 000, zwei Jahre später waren es schon 250 000. Der Lockruf des Goldes schallte sogar bis zu den Veermastern (Viermastern) im Hamburger Hafen: „Roll, boys go, to Californio"

(was macht man nicht alles des Reimes wegen ...), „there is plenty of gold, so I've been told ..." – solche Lieder zogen auch die Europäer in die Sierra Nevada. Anders gesagt: An jenem 24. Januar 1848 war der Startschuss zur Erschließung des Westens gefallen.

Wucherpreise

Am Ende wurden nur wenige Goldgräber reich. Als die Masse der Menschen eintraf, waren die besten Claims abgesteckt; wer trotzdem fündig wurde, verspielte sein Gold oder gab es in Saloons und Bordellen aus (selbst einfache Waren kosteten während des Goldrauschs Wucherpreise – am besten verdienten Händler und Kaufleute am Boom). Für Kalifornien aber hatte der Run auf das Edelmetall weitreichende Folgen. 1850 wurde es als 31. Staat in die Union aufgenommen. Reichtum und Bevölkerungsexplosion ließen sich nicht mehr länger ignorieren. Bis 1870 war die Bevölkerung auf über 560 000 Einwohner angewachsen. Von den 150 000 Native Americans, die vor Ausbruch des Goldrauschs auf dem Gebiet des späteren Staates lebten, waren zu diesem Zeitpunkt nur noch 30 000 übrig.

Auch heute wird nach Gold gesucht in Kalifornien. Weil der Preis für die Unze in den vergangenen Jahren unaufhörlich in die Höhe geklettert ist, genehmigen die kalifornischen Behörden jährlich etliche tausend neue Goldabbaugebiete. Und in den Saloons von Coloma und Jamestown soll es abends auch schon wieder die ersten Schlägereien gegeben haben. Wie damals, wie 1849.

Das Museum of Modern Art in San Francisco war das erste der USA, das sich einzig und allein auf die Kunst des 20. Jahrhunderts konzentrierte. Eröffnet wurde es im Jahre 1935.

Rechte Seite:
Manchmal beginnt Kunst schon vor dem Museum: das spektakuläre De Young Museum in San Franciscos Golden Gate Park. Gegründet wurde es bereits im Jahre 1895, das heutige Gebäude wurde 2005 eröffnet.

Rechts:
Als die Stadt gegründet wurde, lag sie auf sieben Hügeln – mittlerweile sind es 44. Der Russian Hill – von dem man hier hinunterblickt – ist einer der „Originalhügel" von San Francisco.

Unten:
Sieht aus wie ein zur Erde gesauster Indianerpfeil, stammt aber angeblich vom Bogen des Liebesgottes Amor: Die Skulptur „Cupid's Span" wurde von Claes Oldenburg und Coosje van Bruggen geschaffen.

Oben:
San Francisco hat viele Parks und Grünflächen. Das hier ist das Fort Mason Green.

Ganz links:
Das Wetter mag oft neblig und kühl sein in der Stadt an der Bay – wenn aber die Sonne scheint, kann es hier richtig südländisch aussehen.

Links:
Lunchbreak an der frischen Luft: Mittagspause in einem Café am Embarcadero.

Links:
Sieht manchmal aus wie eine am Computer entworfene Zauberstadt aus einem Fantasyfilm: Blick auf die Skyline von San Francisco.

Unten:
Und das sind die Nachteile der Popularität: Obwohl viele kalifornische Firmen das Arbeiten vom Home Office aus erlauben, sind zu den Rush Hours noch immer viel zu viele Leute mit dem Auto unterwegs – vor allem auf den Brücken der Stadt staut es sich dann (hier die Bay Bridge).

Seite 62/63:
„Shining like a diamond in the sun" hat Jack Kerouac in „On the road" über jenen Moment geschrieben, in dem er San Francisco erblickte. Heute sieht es mit Sicherheit vollkommen anders aus als in den 1950er-Jahren – nachvollziehen kann man die Worte des Schriftstellers aber noch immer problemlos.

Mount Shasta –
DER HEILIGE BERG

Seite 64/65:
Vollmond über dem Manzanita Lake. Der See im Lassen Volcanic National Park liegt gleich hinter dem Parkeingang. In vielen Monaten des Jahres ist er das Einzige, was motorisierte Besucher zu sehen bekommen – meist sind die restlichen Parkregionen bis in den Mai hinein tief verschneit.

Rechts:
Der Lake Siskiyou ist ein Stausee: Der Box Canyon Dam versperrt dem Sacramento River hier den Weg. Wie überall in den westlichen USA dient auch dieser See als Revier für Freizeitsportler und -kapitäne.

Postkartenpanorama: Wenn man solche Motive sieht, kann man schon nachvollziehen, weshalb der Mount Shasta eine so große Anziehungskraft besitzt. Der Mount Shasta gilt vielen New-Age-Anhängern als besonderes Kraftfeld – und als Zuflucht der Bewohner von Atlantis. Andere wollen Jesus und Buddha beim Spazierengehen auf den Frühlingshängen des Berges beobachtet haben. Wer nicht über solche Fähigkeiten verfügt, für den ist der Mount Shasta einfach nur ein schöner Berg.

Und dann gibt es diesen Moment, in dem man aus der Kurve kommt und endlich keine Bäume mehr im Weg sind, und der Berg füllt den Horizont aus. Hat etwas Surreales, der Mount Shasta. Als sei er nicht echt. Er sieht aus wie einer dieser Berge, die man früher als Schüler gemalt hat. Und für die es dann eine Ermahnung gab und die Bemerkung: „So sieht kein richtiger Berg aus." Sieht er aber doch.

Die Fakten zuerst: 4317 Meter hoch, der zweithöchste Vulkan der kontinentalen USA, Durchmesser am Fuß beinahe 20 Meilen. Oben Schnee, in der Mitte Wiese, unten Wald, ganz normal. Was den Mount Shasta so besonders macht, ist die Tatsache, dass er sich aus beinahe flachem Terrain hinauf Richtung Wolken reckt – und deshalb gut 3000 Meter höher ist als das Land um ihn herum. Und dass er eine untergegangene Zivilisation, den ein oder anderen Religionsstifter sowie den Hirtengott Pan beherbergt.

5298. Mt. Shasta from Sisson. Altitude 14,444 feet.
SHASTA ROUTE. SO. PAC. R. R.

Mount Shasta sind die Bergkameraden Kailash, Sinai, Fuji, Olymp und Ararat mythologisch eher bedeutungslose Geröllhaufen.

Der versunkene Kontinent Lemuria

Angefangen hat das übrigens alles mit einem gewissen Frederick Spencer Oliver, dem hier 1883 von einem Sekretär Lemurias ein komplettes Buch diktiert worden sein soll. Lemuria? Angeblich ein versunkener Kontinent, dessen Bewohner sich kurz vor der Flut ins Innere des Mount Shasta gerettet haben. Und dort noch immer leben. Manchmal kommen sie hervor aus ihren Lavahöhlen, Männer in Roben, die Goldklumpen gegen Lebensmittel tauschen. Andere scheinen nur über die grünen Frühlingshänge lustwandeln zu wollen. Augenzeugen wollen dort Buddha, Jesus, den Heiligen Franziskus und Moses entdeckt haben.

Der Mount Shasta ist übrigens nicht der einzige Ort für Begegnungen der dritten Art – Energiezentren gibt es hier angeblich überall. Der Castle Grag – unterirdisch verbunden mit der Lemurianer-Zentrale im Mount Shasta – ist ein beliebter Raumschiff-Wartungsplatz. Der Castle Lake – ein beliebter Wartungsplatz für UFOs. Und natürlich die Panther Meadows – Treff von Feen, Elfen, Gnomen, dem Hirtengott Pan und der heimischen Schwarzbären-Population. „Wenn Du während Deines Besuchs Bären rufen hörst", heißt es in einem Faltblatt wissend, „ist es am Besten, wenn Du ihre Privatsphäre respektierst. Halte Abstand, zum Wohle aller Geschöpfe auf der Panther Meadows." Könnte ja sein, dass der Bär sonst den ein oder anderen Gnom erwischt. Oder Herrn Pan ins Bein beißt.

Oben:
Bumpass Hell ist eine hydrothermische Region im Lassen Volcanic National Park. Die kochenden Schlammlöcher, blubbernden Quellen und Fumarolen sollte man aus sicherer Entfernung betrachten …

Oben links:
Neben dem Mount St. Helens ist der Lassen Peak der einzige Vulkan der USA, der im 20. Jahrhundert ausbrach: So sah das am 19. Mai 1915 aus.

Energiestrudel

Damit haben wir den Bereich der gesicherten Fakten natürlich soeben verlassen. Und sind beim Mount Shasta, dem heiligen Berg, angelangt. Es gibt nämlich Menschen, die dieser Westcoast-Schneekoppe besondere Kräfte und Energien nachsagen. Ihnen zufolge ist der Shasta einer der sieben weltweit stärksten Energiestrudel, die neben manch anderer Eigenschaft auch als Schnittstelle zu diversen Paralleluniversen dienen. Was bedeutet, dass hier nicht nur fromme Wandersleut' Zugang zu anderen Welten finden können, sondern die Bewohner dieser fremden Sphären auch problemlos mal im Norden Kaliforniens vorbeischauen können. In der Vergangenheit soll das zu einem regen interstellaren Treiben auf den Hängen geführt haben. Anders gesagt: Gegen den

Links:
Der Jedediah Smith State Park ist Teil einer ganzen Reihe Schutzgebiete, in denen die verbliebenen Mammutbaum-Bestände stehen. Viele Haine lassen sich bequem während eines Spaziergangs vom Parkplatz am Highway aus erreichen. Trotzdem kann es einem passieren, dass man sich von einem Moment auf den anderen ziemlich allein fühlt.

Oben:
Fünfzig Kilometer, von Riesen bewacht: Die Avenue of the Giants führt durch den Humboldt Redwoods State Park.

Linke Seite:
Schäumende Küste: Die Bodega Bay nördlich von San Francisco ist eine enge, lang gestreckte Bucht, in der Wellen toben.

Nah am Wasser gebaut: Über weite Passagen verläuft der Highway 1 direkt an der Küste entlang – wie hier bei Jenner.

Wenn das irgendwo in Europa wäre, stünden hier jetzt wahrscheinlich Hotels: Die kalifornische Küste bei Westport.

Oben:
Kennen viele nur aus einem früher sehr populären Schlager: Michael Holms „Mendocino" liegt südlich von Fort Bragg an der nordkalifornischen Küste und war ursprünglich eine Holzfällersiedlung. Ab den 1950er-Jahren zogen immer mehr Künstler hierher; heute gilt Mendocino als „one of these artsy towns", mit vielen netten Läden und Galerien.

Rechts:
Im Spanischen bedeutet „tiburón" Hai, und es wirkt nicht unbedingt vertrauensfördernd, wenn ein kalifornischer Küstenort so heißt. Doch die Tigerhaie, die die spanischen Konquistadoren vor Tiburon sahen, sind mittlerweile eher selten geworden – ganz im Unterschied zu den Immobilienhaien an Land.

Links:
Das also hat Michael Holm
damals gemeint, als er
„Mendocino" besang.
Hatte man sich nicht so
schön vorgestellt, oder?

73

Links:
Leuchtturm über der Bucht von Trinidad.
Sie ist nach dem Dreifaltigkeitstag benannt.

Unten:
Fertig zum Auslaufen: Marinas wie die
in Morro Bay findet man überall an der
kalifornischen Küste.

Oben:
Und Fischerboote wie dieses hier im Hafen
von Monterey gibt es auch überall zu sehen.
Meist gehören sie Freizeitkapitänen –
der kommerzielle Fischfang vor Kaliforniens
Küste ist in den vergangenen Jahren immer
weiter zurückgegangen.

Oben:
Rebenmeer: Kaliforniens
Napa Valley hat ein beinahe
mediterranes Klima und
bringt einige der besten
Weine der Neuen Welt
hervor. Vor allem Cabernet
Sauvignon, Chardonnay
und Zinfandel werden hier
angebaut.

Rechts:
Traubenpracht im Sonoma
Valley. Wie Napa gilt auch
Sonoma als Geburtsort der
kalifornischen Weinindustrie –
Reben werden hier seit Mitte
des 19. Jahrhunderts kulti-
viert. Beide Anbauregionen
erzeugen zusammen aller-
dings nur etwa fünf Prozent
aller kalifornischen Weine;
die große Masse stammt
aus den gewaltigen Wein-
betrieben im Central Valley.

Oben:
Zauberlandschaft: Weinberge
der Peter Michael Winery
im Napa Valley. Hier reifen
die Trauben unter den besten
Bedingungen.

Links:
Alles Handarbeit: Winzer wie
Jim Fresquez aus dem Lower
Chiles Valley stecken viel
Zeit, Geduld und Liebe in
ihre Reben. Kein Wunder,
dass sich die Ergebnisse
schmecken lassen können.

Weder Los Angeles noch San Francisco: Kaliforniens Hauptstadt heißt Sacramento. Diese Statuen stehen im State Capitol.

Hübscher Straßenzug in Old Sacramento: Viele Gebäude in der Hauptstadt sind über hundert Jahre alt.

Rechte Seite:
Und so sieht Kaliforniens Regierungssitz von außen aus. Die Architektur des State Capitol in Sacramento wurde bewusst der des Weißen Hauses in Washington nachempfunden.

Oben:
So sieht das ländliche Kalifornien aus: Das kleine Örtchen Dorris liegt ganz im Norden an der Grenze zum Nachbarstaat Oregon.

Rechts:
Wie in einem Freilichtmuseum reihen sich im Städtchen Eureka architektonische Schmuckstücke aneinander. Das Carson Mansion gilt als Paradestück des Queen-Anne-Stils. Sein Erbauer William Carson war einst der mächtigste Holzbaron in diesem Teil der USA.

Links:
Betagter Straßenkreuzer in
Calistoga. Wie in keinem
anderen Staat der USA gehen
die Vorlieben der Autofahrer
in Kalifornien auseinander –
neben solchen benzinfressen-
den Dinosauriern gibt es
einen kräftigen Trend zu
Hybrid- und Elektrofahrzeugen.

MINERAL BATHS

BATH HOUSE
OFFICE

Seite 82/83:
„The Lone Cypress"
(Die einsame Zypresse) ist
das Symbol von Pebble Beach
auf der Monterey-Halbinsel.
Der legendäre Golfplatz ist
gleich um die Ecke.

Rechts:
Schon der Name allein beschwört Geschichten und Geschichte herauf: Die Mission San Carlos Borroméo del Río Carmelo in der kleinen Stadt Carmel-by-the-Sea war lange Zeit die Schaltzentrale aller spanischen Stützpunkte entlang der kalifornischen Küste. Die Mission wurde 1770 gegründet, ist in einem fabelhaften Zustand und unter anderem ein eindrucksvoller Ort für ein Klassikkonzert oder ein Gebet.

Oben:
Die Santa Barbara Mission wurde am 4. Dezember, dem Barbaratag, von spanischen Franziskanern im Jahr 1786 gegründet.

Oben:
Bis zu Beginn des 19. Jahrhunderts war Monterey ein
wichtiger Fischereihafen an
der Westküste. Vor allem
Sardinen wurden hier
gefangen. Heute zelebriert
das Städtchen seine
Vergangenheit – und ist
gleichzeitig froh, dass es
mittlerweile sehr gut vom
Tourismus leben kann und
nicht mehr auf die geruchs-
intensive Fischerei-Industrie
angewiesen ist.

Rechts:
Das National Steinbeck
Center in Salinas wurde
1977 gegründet und enthält
die größte Sammlung an
Schriften des berühmten
Autors. Ein kompletter
Flügel des Gebäudes ist den
amerikanischen Farmern und
Wanderarbeitern gewidmet,
mit deren Lebensumständen
sich Steinbeck immer wieder
beschäftigt hat.

Oben:
Das Monterey Bay Aquarium zählt mit seinen 35 000 Tieren und Pflanzen (und jährlich bis zu zwei Millionen Besuchern) zu den größten Aquarien der Welt. Zu sehen ist alles, was in den Gewässern vor Kalifornien schwimmt – Haie, Rochen, Seeotter und ein über 50-jähriger Hummer zum Beispiel. Für seine Quallen hat das Aquarium einen speziellen Tank entwickeln lassen, dessen kreisförmige Strömung die Bewegungen der Quallen unterstützt.

Links:
Haben scheinbar die Ruhe weg: Seehunde beim Mittagsschlaf am Strand bei Monterey.

Manchmal wird der Pazifik
an der kalifornischen Küste
seinem Namen gerecht: An
manchen Tagen knabbert die
Brandung des Stillen Ozeans
nur sanft an den Stränden,
während sie an anderen
Tagen mit voller Kraft ans
Ufer rauscht.

Eine mystische Welt für sich:
Küstenwald im Pfeiffer Big
Sur State Park im Monterey
County.

Links:
Wenn man an „Kalifornien"
und „Meer" denkt, kommen
einem normalerweise andere
Bilder in den Sinn: Einsamer
Küstenabschnitt bei Big Sur.

CALIFORNIA STATE

Das ist die berühmteste Straße in ganz Kalifornien – und sie ist nicht einfach zu finden. Was daran liegt, dass sie gerne unter einem anderen Namen firmiert. Ganz offiziell heißt der Highway 1 nämlich „California State Route 1". Und ähnlich wie entlang der Route 66 haben sich auch an der kalifornischen Küste Städte und Bezirke sowie Tourismusbehörden und Marketingfirmen den Highway 1 unter den Nagel gerissen. Deswegen heißt er dort jetzt „Pacific Coast Highway" oder „Cabrillo Highway" oder auch „Shoreline Highway". Und weil das alles noch nicht kompliziert genug ist, verschwindet er manchmal komplett im Highway 101.

Die Strecke beginnt in Los Angeles und führt unterhalb der Santa Monica Mountains nach Norden. Wem L.A. zu gigantisch und Santa Barbara zu touristisch ist, dem gefällt möglicherweise Ventura. Ziemlich bezaubernd liegt die pittoreske Innenstadt zwei Meilen abseits des Highways, die Berge im Rücken, den Pazifik vor den Straßencafés, und wenn man abends am Strand spazieren geht, scheint Los Angeles ganz weit weg zu sein. Das alles hat offen-

Oben:
Ikone: Straßenschild an Kaliforniens berühmtestem Highway. Weil solche Schilder immer wieder gestohlen wurden, sind die meisten mittlerweile mit speziellen Befestigungen gegen Diebstahl gesichert.

Mitte:
Ein Land der Details: Der Highway 1 in der Nähe von Jenner.

Rechts:
Küstenflitzer: Biker Thomas Anderson mit seiner Harley. Große Freiheit: Eine Harley-Tour über den Highway 1 gehört zu den großen amerikanischen Mythen. Wie eine Cabriofahrt über die Route 66. Oder ein Ritt durch das Monument Valley.

Ganz rechts:
Big Sur bedeutet „Großer Süden" und bezeichnet einen etwa hundert Kilometer langen Küstenabschnitt zwischen San Simeon im Süden und Carmel im Norden.

sichtlich schon den Spaniern gefallen: Deren 1782 erbaute Mission San Buenaventura war die Keimzelle der Stadt.

Atemberaubende Szenerie

Touristen sieht man nicht viele in Ventura; die meisten haben wenig Zeit für Zwischenstopps, weil sie ja wegen des Highways gekommen sind

und deswegen auch überhaupt nicht von ihm weg zu bekommen sind. Aber auch wenn die Szenerie streckenweise atemberaubend ist – den Highway lernt man eigentlich erst dann kennen, wenn man sich die Zeit nimmt, ihn auch einmal zu verlassen.

Und wo? Zum Beispiel am Hearst Castle, diesem Stein gewordenen Ego-Trip. Beinahe 30 Jahre be-

ROUTE 1

Oben:
Eine Straße, die ein offenes Verdeck verlangt oder zumindest geöffnete Autofenster: Der Highway 1 bei Big Sur.

Links:
Stilvoll Reisen: Urlauber mit Airstream-Wohnwagen im Schlepp.

schäftigte der Zeitungsmogul William Randolph Hearst (Vorbild für Orson Welles „Citizen Kane") Architekten und Handwerker, bis sein Wohnsitz vollendet war – ein 165 Zimmer-Museum voller florentinischer Möbel, flämischer Wandteppiche und Swimmingpools wie aus einer „Caligula"-Verfilmung. Und während man noch über menschlichen Größenwahn nachdenkt, führt der Highway einen auch schon nach Big Sur, wo die Natur sich ein klein wenig so gebärdet wie die Architekten von Mr. Hearst.

Paradeabschnitt

Bei Big Sur beginnt übrigens der Paradeabschnitt des Küstenhighways. Carmel-by-the-Sea ein Stück weiter nördlich zehrt noch heute davon, dass Clint Eastwood hier Mitte der 1980er-Jahre kurz Bürgermeister war – und der bis dato eher beschaulichen Künstlerenklave jenen Hollywood-Glamour

bescherte, den kalifornische Küstenorte offensichtlich einfach besitzen müssen. Alles andere kommt dann von ganz allein: die Staus am Wochenende, die japanischen Touristen, die restlos überzogenen Hotel- und Motelpreise. Und – in unmittelbarer Nachbarschaft – dann zwangsläufig irgendwann die Idee, sich zumindest symbolisch abzuschotten: Der 17-Mile-Drive ist die einzige mautpflichtige Privatstraße der USA. Wer hier wohnt, wohnt mit Blick aufs unendliche Meer, und abends kommen dann die Kennedys zum Drink oder die Cruises oder wer auch immer hier noch sein Häuschen hat.

Hinter Monterey haben die meisten Highway-1-Touristen nur noch San Francisco im Visier. Dabei geht die Straße weiter, Richtung Norden, und dann immer geradeaus. Bis Kalifornien zu Ende ist.

Links:
Ab 1932 ermöglichte die Bixby Bridge südlich von Carmel Autoreisen in diesen Teilabschnitt der kalifornischen Küste. Angeblich warfen chinesische Arbeiter die Leiche eines tödlich verunglückten Kollegen in den frisch gegossenen Beton eines Brücken- pfeilers, um die weiteren Arbeiten unter einen guten Stern zu stellen – und sie nicht durch Polizeiermittlungen zu verzögern.

Oben:
Schöner wohnen: Die Erbauer dieses Hauses haben sich einen absolut spektakulären Bau- grund an der Küste ausgesucht.

Ganz oben:
Fast ein mythisches Stück USA: Big Sur am Highway 1 – das sind 90 Meilen Strände, Klippen und Aussichts- punkte. Die Berge im Hintergrund steigen bis zu 1500 Meter aus dem Meer in die Höhe und sorgen für eine dramatische Kulisse.

Oben:
Der Pier von Santa Cruz. Die Stadt nennt sich gerne auch „Surf City USA" – tatsächlich wurde hier 1885 zum ersten Mal in den USA auf den Wellen geritten (erfunden wurde der Sport noch ein bisschen weiter westlich, auf Hawaii). Bis heute werden in Santa Cruz regelmäßig internationale Surfwettbewerbe ausgetragen.

Rechts:
Ganz schön was los: Der Strand bei Santa Cruz ist gut besucht.

Links:
Surfin' USA: Spätestens mit den Hits der Beach Boys hat sich das Surfen nicht nur in der kalifornischen Kultur verwurzelt.

Seite 96/97:
Ist das ein Pool? Das ist ein Pool! Als der Zeitungsmagnat William Randolph Hearst sein Hearst Castle bei San Simeon plante, ließ er sich offensichtlich auch von einer gewissen römischen Dekadenz inspirieren – anders kann man solche Dimensionen in einem Privathaus schlecht erklären. Der Gebäudekomplex, den Hearst offiziell „La Cuesta Encantada" (Der Verzauberte Hügel) nannte, ist heute für Besucher geöffnet.

Oben:
Auch das ist Kalifornien: Blumenfelder im Landesinnern. Der Staat produziert nicht nur exzellente Weine, sondern zahlreiche landwirtschaftliche Produkte. Insgesamt trägt Kaliforniens Wirtschaft stolze 13 Prozent zum Bruttoinlandsprodukt der USA bei.

Rechts:
Auch Gemüse – wie hier bei Salinas – wird im großen Stil angebaut. In den vergangenen Jahren hat vor allem die bewässerungsintensive Landwirtschaft entscheidend zum Wassermangel in Kalifornien beigetragen.

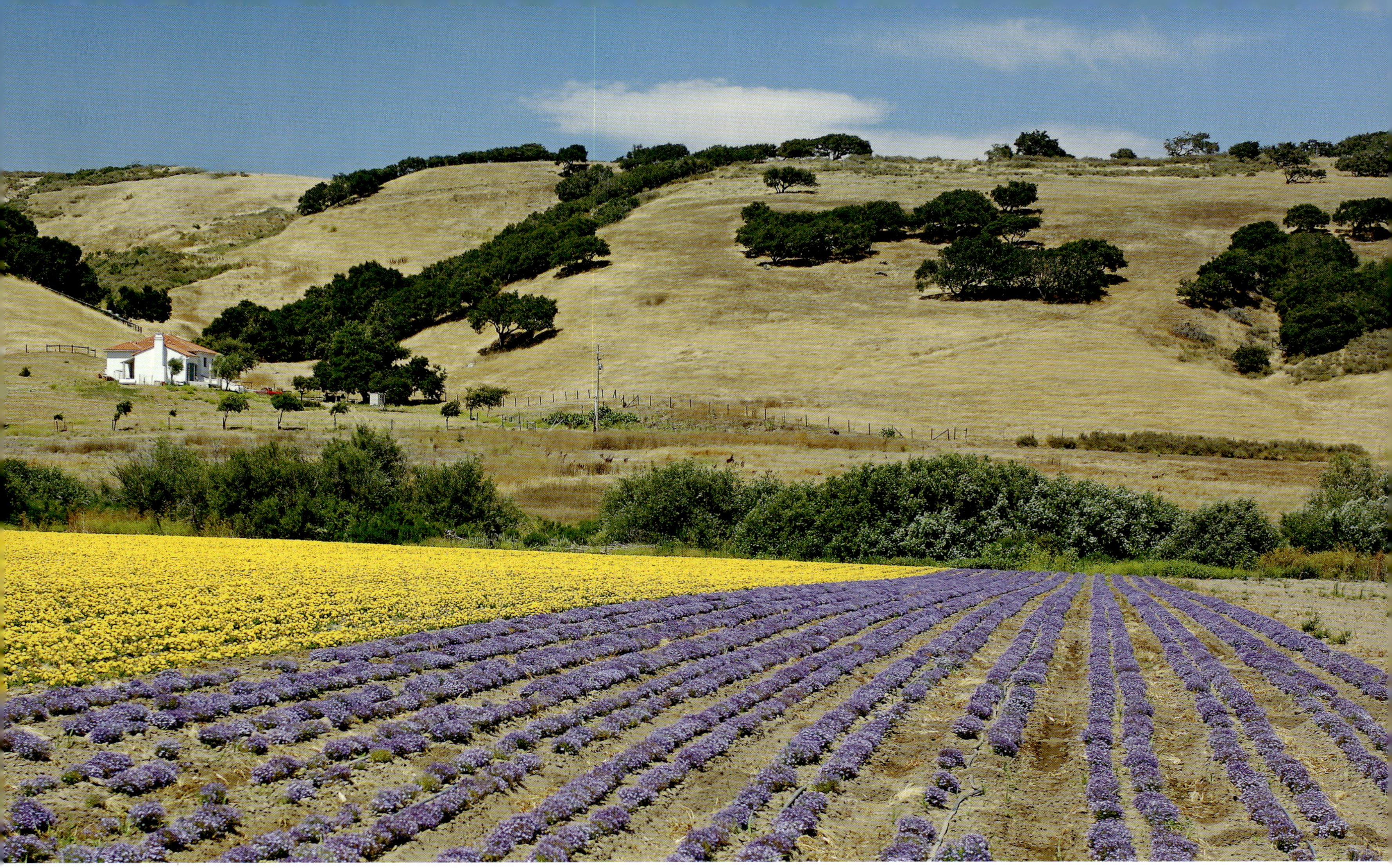

Links:
Zu früheren Zeiten waren sogar die Gehöfte kleine Schmuckstücke: Farmhaus zwischen Gemüsefeldern bei Salinas.

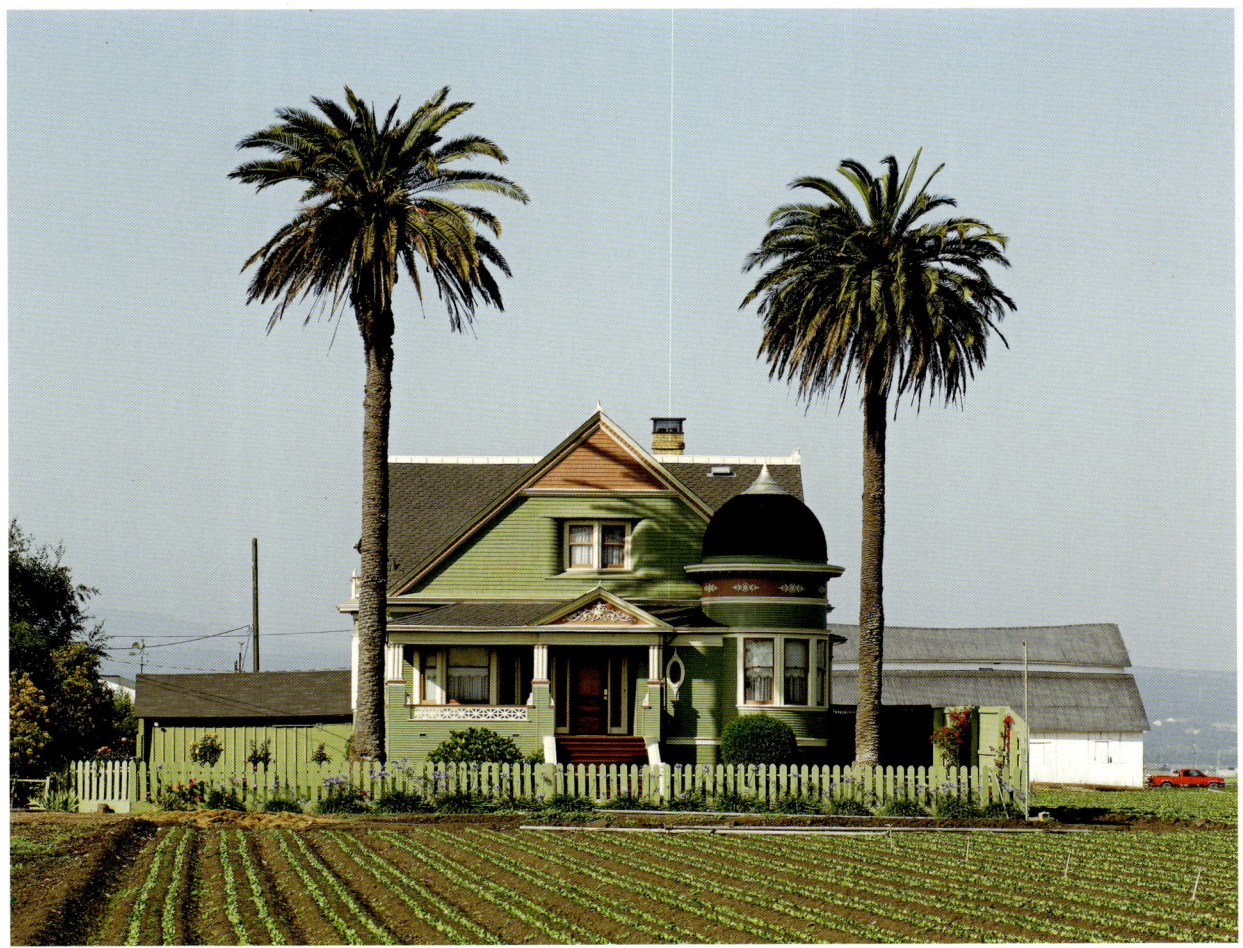

Nicht nur Sonne, Sand und Surfen – der Süden

Hier sieht Kalifornien aus, wie man sich Kalifornien vorstellt – zumindest am Meer. Im Süden des Staates wird der Dreifaltigkeit von Sonne, Sand und Surfen gehuldigt, hier ist die Heimat der Golden Girls und Beach Boys, der blutroten Sonnenuntergänge und endlosen Sommer. Weit mehr als der Norden ist der Süden Kaliforniens für viele das Land der Verheißung geblieben. Und wird es wohl auch für immer bleiben.

Dabei zeigen sich vor allem hier die Probleme des Staates: Städte wie Los Angeles und San Diego dehnen sich seit Jahrzehnten metastasenartig aus, das Land wird allmählich knapp und erst recht das Wasser. Der Wildwuchs bei der Stadt- und

Tagsüber sieht es hier eher langweilig aus, mit dem Abend aber kommen die Farben und Stimmungen nach Los Angeles. Die nächtlichen Lichter der Stadt sind aus dem All als gleißend hell erleuchtete Fläche zu sehen – inmitten der allumfassenden Schwärze des Meeres auf der einen und der Wüste auf der anderen Seite.

Suburbiaplanung hat längst dazu geführt, dass Menschen überall dort wohnen, wo sie eigentlich nicht wohnen dürften. Und wenn wieder einmal einer jener verheerenden Waldbrände nichts übrig gelassen hat als rauchende Fundamente und vor CNN-Kameras weinende Hausbesitzer, dann dauert es meist nur wenige Wochen, bis aus der Asche eine neue Siedlung entstanden ist. Die dann wiederum auf die nächste Feuersbrunst wartet.

Endlose Wüste

Weg von der Küste, weiter im Landesinnern sind all diese Menschen verschwunden, und die Neubausiedlungen sowieso. Wer mit dem Mietwagen in eine Gegend wie die Mojave National Preserve fährt, fährt in die Einsamkeit. Im Gegensatz zu ihren Nachbarn Joshua Tree und Death Valley hat es die Mojave nie zum Nationalpark-Status gebracht. Deswegen gibt es hier keine Visitor Center, keine Souvenirläden, und Galerien für naive Landschaftsmalerei gibt es auch nicht: Hier gibt es nur Wüste. Wüste wie: steinig, endlos, Wüste wie: Sergio Leone.

Nach Meer und Fels ist die Wüste die älteste Sache der Welt und die einzige, der man ihr Alter wirklich ansieht, behauptet Clint Eastwood in „For a Few Dollars More". Die Indianer hier wiederum behaupten, der Große Geist habe am letzten Schöpfungstag sämtliche Steine, die die anderen

Staaten nicht wollten, über der Mojave fallen lassen, und genauso sieht das Land auch aus. Trotzdem hat sich irgendwer aufgerafft, es einzuzäunen. Mit viel Draht und Pfählen, auf denen Geier sitzen, missmutig dreinschauende Geschöpfe mit dunkelroten Schrumpelköpfen. Abends an der Motelbar werden die Touristen die Gegend als „Nichts" bezeichnen. „Da draußen ist nichts", werden sie sagen, und der Wirt wird nicken.

Was natürlich eine glatte Lüge ist: Da draußen ist eine ganze Menge. Da draußen ist Amerikas Outback, ein Stück USA, das heute noch so aussieht wie in den Tagen der „Go West, young man!"-Aufbruchsstimmung. Da draußen existiert eine Tierwelt, die in aller Seelenruhe und abseits der touristischen Pfade für sich sein kann. Da draußen

findet man kleine Naturspektakel, nicht im Vorbeifahren, aber wenn man anhält und aussteigt und sich Zeit nimmt. Besagter Nicht-Nationalpark-Status hat nämlich den Vorteil, dass diese Region von den allermeisten Reisenden links liegen gelassen wird: Die Mojave ist selbst für die Kalifornier unbekanntes Kalifornien. Dabei sind die Joshua Trees hier genauso schön wie im gleichnamigen Park in der Nachbarschaft. Und der Sternenhimmel, der sich nachts über der Wüste aufspannt, ebenfalls.

Die Rückseite des Mondes

Und wenn man dann denkt, noch leerer und einsamer geht es nicht mehr, dann fährt man zum Schluss noch ganz nach Süden, in den Anza-Borrego Desert State Park. Der liegt 40 Meilen östlich von San Diego, könnte sich aber genauso gut auf der Rückseite des Mondes befinden. Wir möchten das nicht garantieren, aber wir behaupten mal: Da wird außer Ihnen niemand sein, noch nicht einmal Parkranger, stattdessen beraten hier Pensio-

Gelungene Gartenarchitektur: Kaktusgarten im Getty Center in Los Angeles.

näre die seltenen Besucher. Diese freiwilligen Helfer kennen die besten Pisten in einem Park, der für sein Offroad-Wegenetz berühmt ist.

Und so wird man dann nach tausenden Kalifornien-Kilometern zum Autofahrer, der am liebsten überhaupt nicht mehr aussteigen möchte aus seinem Mietwagen. Weil es schönere Routen kaum gibt als die Sandstrecken in Anza-Borrego. Und man zum Brettern ja nachgerade genötigt wird. Wahrscheinlich ist es der Parkverwaltung lieber, Touristen verfahren sich, als dass sie sich verlau-

fen in diesen unglaublichen Geröllweiten, so ein Auto findet sich am Ende besser. Jedenfalls lässt man den Jeep Staubfahnen ziehen, lässt ihn Hänge hinaufkraxeln und Dünen hinunter.

Abends sitzt man dann auf einem Campingplatz und studiert die Straßenkarte. Und stellt fest, dass man am nächsten Tag zwar nach Hause fliegen soll. Dass es da aber in diesem Kalifornien noch mindestens 250 andere Straßen gibt, die man noch nicht entlanggefahren ist. Na dann: Kann man ja gleich die nächste Reise planen.

Rechts:
Die Union Station in Los Angeles gehört zu den letzten großen Bahnhöfen, die in den USA gebaut wurden. Die Union Stations heißen übrigens so, weil diese Bahnhöfe von mehreren Eisenbahngesellschaften (Unions) gemeinsam genutzt wurden.

Unten:
Hier kann man die Zeit bis zur Abfahrt angenehm verbringen: Wartehalle der Union Station von Los Angeles. Der Bahnhof wurde im Jahr 1939 eröffnet.

Oben:
Die Air & Space Gallery
im Exposition Park von Los
Angeles ist Teil eines großen
Museumskomplexes, in dem
sich alles um die Luft- und
Raumfahrt dreht. Mittlerweile
kann man hier auch die
„Endeavour" bewundern –
das Space Shuttle gehört
seit 2012 zu den Ausstellungs-
stücken.

Links:
Den Pershing Square in
Downtown L.A. gibt es –
unter diversen Namen – seit
Mitte des 19. Jahrhunderts.
Das heutige Design stammt
aus dem Jahr 1992 und war
und ist heftig umstritten – die
meisten Los Angelinos finden,
dass die Architekten des
Platzes bei seiner Gestaltung
nicht besonders einfallsreich
waren.

Oben:
Selbst für Museumsmuffel
lohnt sich ein Besuch des
Getty Centers in Brentwood,
einem District im Westen
von Los Angeles. Schon die
Architektur und die Gärten
machen das Haus zu einer
Sehenswürdigkeit. Zur
Sammlung gehören unter
anderem europäische Malerei
vor dem 20. Jahrhundert
und amerikanische wie
europäische Fotografie.

Rechts:
Das Getty Center ist Sitz
mehrerer Forschungs-
einrichtungen und des
Getty Museums. Die meisten
Exponate aus der Privat-
sammlung des Ölmagnaten
Jean Paul Getty sind hier
ausgestellt.

Oben:
Frank Gehrys Walt Disney
Concert Hall ist ein spekta-
kuläres Stück Architektur.
Die Konzerthalle wurde 2003
eröffnet und entzweite die
Los Angelinos: Die einen
waren enthusiastisch, die
anderen entsetzt über die
Form des Gebäudes. Vom
Hausorchester, dem Los
Angeles Philharmonic
Orchestra, gab es nur Beifall:
Die Akustik gilt als superb.

Ganz links:
Das Museum of Tolerance
gehört zum Simon Wiesenthal
Center. Es beschäftigt sich mit
dem Holocaust, aber auch mit
der Geschichte des Rassismus
und der Vorurteile in den
USA.

Links:
Klare Sicht auf die Dinge:
Bei Frank Gehrys „Binocular
Building" in Venice dient
ein vergrößertes Fernglas als
Eingang und Einfahrt.

Links:
Zwei Meilen purer Luxus: Nirgendwo sonst in den USA findet man auf so kurzer Strecke mehr teure Boutiquen und Läden als am Rodeo Drive in Beverly Hills. Der Name der Straße hat übrigens nichts mit einem Rodeo zu tun – er leitet sich vom spanischen „el rodeo de las aguas" ab, einer „Ansammlung von Wasser": Zu Zeiten der spanischen Konquistadoren gab es hier Sümpfe.

Ganz oben:
Die Crystal Cathedral in Garden Grove zählt zu den sogenannten „Megachurches": 3000 Kirchgänger und tausend Musiker finden hier Platz.

Oben:
Stilgerecht zum Shoppingbummel: Limousine am Rodeo Drive in Beverly Hills.

Seite 110/111:
Nach Manhattans Broadway ist das vielleicht die berühmteste Straße der USA: Abenddämmerung am Sunset Boulevard in Hollywood.

Vom Gemüsegarten zur Traumfabrik –
HOLLYWOOD

Eigentlich ist es nur ein Stadtteil von Los Angeles – aber so ein „eigentlich" würde Hollywood natürlich nie auf sich sitzen lassen. Denn natürlich ist Hollywood mehr als nur ein Teil von L.A., viel mehr: Das Synonym für die amerikanische Filmindustrie zum Beispiel, und damit fast schon für die globale Filmkultur, zumindest im Mainstream des Westens. Eine Traumfabrik, klar. Und ein bedeutender Wirtschaftsfaktor sowieso: Das Geld, das in Hollywood verdient wird, trägt entscheidend zum ungeheuren Bruttosozialprodukt Kaliforniens bei: Zuletzt waren das fast zwei Billionen Dollar.

Und natürlich hat alles, wie alles in Kalifornien, ganz bescheiden begonnen. Mitte des 19. Jahrhunderts war das Terrain, auf dem später dann Kino-Triumphe wie „Citizen Kane" oder „Titanic" entstehen sollten, ein einziger großer Gemüsegarten. 1886 kam dann ein Immobilienmakler namens Harvey Whitley auf die Idee, aus dem Garten einen Ort zu machen. Was ziemlich gut funktioniert haben muss, anschließend ging dann alles mit der üblichen amerikanischen Geschwindigkeit voran: 1900 bereits 500 Einwohner, 1903 eigenständige Gemeinde, 1910 Eingemeindung in das benachbarte Los Angeles, weil man an dessen Wasserversorgung teilhaben wollte.

Im gleichen Jahr kam dann David Wark Griffith aus New York. Der Regisseur drehte in Hollywood Aufnahmen zu „In Old California" und blieb mit seinem Team mehrere Monate, in denen er gleich noch weitere Filme produzierte. Das sprach sich herum; schon im Jahr darauf öffnete das erste Filmstudio, wenige Monate später waren es bereits 15.

Filmhauptstadt der Welt

1915 wurde bereits die Mehrheit aller amerikanischen Filme in Hollywood produziert. Spätestens

Mitte der 1920er-Jahre war aus dem einst beschaulichen Stadtteil die Filmhauptstadt der Welt geworden.

Und warum das alles? Los Angeles war preiswerter als New York, wo zuvor gefilmt worden war – das war möglicherweise der wichtigste Grund. Das Klima war freundlicher, viele Filme konnten beinahe komplett unter freiem Himmel gedreht werden. Und der Einfluss der Gewerkschaften war hier draußen im Westen längst nicht so mächtig wie an der Ostküste.

Triumphzug

Die nächsten knapp einhundert Jahre waren für Hollywood beinahe ein einziger Triumphzug: Jedes Jahr mehr Filme, jedes Jahr mehr Umsatz, jedes Jahr mehr Gewinn. Aus Sternchen wurden Stars, aus Stars wurden Superstars, die pro Film zweistellige Millionenbeträge kassierten. Neben den klingelnden Kinokassen sorgte ein ausgefeiltes Merchandisingsystem für Einnahmen, die oft höher waren als die direkten Erlöse durch die Filme.

Erst in den vergangenen Jahren haben Raubkopierer und bröckelnde Gewinne der Traumfabrik zugesetzt. Mit mehreren hundert Produktionen pro Jahr ist Hollywood heute zwar noch immer ein bedeutender Standort der Filmindustrie – der wichtigste aber ist er nicht mehr. Indiens und Nigerias Filmwirtschaften haben Kalifornien den Rang abgelaufen. Sie heißen Bollywood und Nollywood.

Oben:
Auf dem Walk of Fame wird an die Leistung von Hollywoods Stars und Sternchen erinnert – wer hier seinen Stern bekommt, hat es längst geschafft.

Links:
Später wird man vielleicht einmal sagen: „Weißt Du noch, damals, auf dem Walk of Fame – da konnte noch niemand ahnen, dass der mal so berühmt werden würde …"

Ganz oben links:
Die berühmteste Buchstabenfolge des Westens: Der Hollywood-Schriftzug in den Hügeln über der Filmstadt sieht von unten immer ein wenig wellenförmig aus, ist aber absolut waagrecht ausgerichtet. Das Schild wurde 1923 im Rahmen einer Werbeaktion aufgestellt und erlangte schon bald Berühmtheit.

Großes Bild Mitte:
Bevor die Gäste kommen: Roter Teppich vor Beginn der Oscar-Verleihung.

Unten links:
Hollywoods Walk of Fame ist mittlerweile 18 Häuserblöcke lang. Über 2500 Sterne erinnern an all jene, die die amerikanische Unterhaltungsindustrie geprägt haben.

Santa Monica ist der Dreh- und Angelpunkt am Küstenabschnitt nördlich von Los Angeles. Was einen auch nicht wundern muss – die Strände sind weiß und weit, das Wetter so gut wie immer herrlich und das Hinterland spektakulär: Zwanzig Autominuten reichen, um vom Badehandtuch in unberührte Wildnis zu gelangen.

Oben:
Dinner with a view: Restaurant bei Laguna Beach südöstlich von Los Angeles. Wegen ihrer zahlreichen Buchten und Strände zählt die Region zu den schönsten in diesem Teil Kaliforniens.

Rechts:
Als wäre es wieder 1958: Ruby's Diner in Laguna Beach. Die Stadt zieht aufgrund zahlreicher Galerien, Veranstaltungen und dem Laguna Art Museum auch Kunstliebhaber aus aller Welt an.

Traumschloss: Auch das Disneyland Resort in Anaheim gehört zu den großen Publikumsmagneten Kaliforniens. In guten Jahren kommen knapp 15 Millionen Besucher. Das erste Disneyland wurde bereits 1955 eröffnet.

San Diegos „Sea World" gehört zu einer äußerst erfolgreichen Kette von Freizeitparks, in denen das Erlebnis zwischen Mensch und Meeresbewohnern im Mittelpunkt steht. Das Konzept ist alles andere als unumstritten: Tierschutzorganisationen beklagen seit Langem die Haltung von Delfinen, Haien und Orcas in Einrichtungen der Unterhaltungsindustrie.

Rechte Seite:
„Verzaubere die Kinder und du gewinnst die Herzen der Erwachsenen." Manchmal kann ein erfolgreiches Geschäftsmotto sehr simpel sein. In Anaheims Disneyland jedenfalls funktioniert es auch sechs Jahrzehnte nach der Eröffnung noch blendend.

Oben:
Wer hier lebt, liebt das Wasser: Segelboote in einer Marina in Downtown San Diego. Die zweitgrößte Stadt Kaliforniens hat etwa 1,3 Millionen Einwohner und liegt ganz im Süden nahe der Grenze zu Mexiko.

Rechts:
San Diegos „Hotel del Coronado" wird von den Einheimischen meist nur liebevoll „The Del" genannt. Es wurde 1888 erbaut und ist das älteste Holzgebäude Kaliforniens. Genügend Platz ist auch: „The Del" hat 900 Zimmer.

Oben:
Wunderbares Ausgehviertel: San Diegos Gaslamp Quarter ist der Dreh- und Angelpunkt des Nachtlebens der Stadt. Seinen Namen gaben ihm die Gaslaternen, die es bis Anfang des 20. Jahrhunderts beleuchteten.

Links:
Der Balboa Park ist so etwas wie das kulturelle Herzstück San Diegos: Hier gibt es Museen, Galerien und – hier im Bild – das Prado Theatre. Falls einem hier das ein oder andere seltsam vertraut vorkommt: Viele Sequenzen aus Orson Welles' „Citizen Cane" wurden im Balboa Park gedreht.

Seite 120/121:
Fremde Welten. Wenn man vom Font's Point hinunter in den Anza-Borrego Desert State Park schaut, sieht Kalifornien ein wenig so aus wie ein fremder Planet.

Links:
Im Licht der tiefen Sonne sehen die Dünen im Death Valley malerisch verlockend aus – in der Hitze des Tages aber verwandeln sie sich in einen geologischen Hexenkessel mit mörderischen Temperaturen.

Unten:
Schöner essen: Picknick am Font's Point im Anza-Borrego Desert State Park.

Oben:
Die Wandernden Felsen auf der Racetrack Playa im Death Valley geben der Wissenschaft noch immer Rätsel auf. Ganz klar ist nämlich bis heute nicht, wie sich die oft stattlichen Steine durch die Wüste bewegen (und dabei ihre charakteristischen Schleifspuren hinterlassen). Vielleicht bewegen orkanartige Windböen die bis zu 350 Kilo (!) schweren Brocken; eindeutig bewiesen ist das allerdings nicht. Mittlerweile sind einige der „wandering rocks" mit GPS-Sendern ausgerüstet.

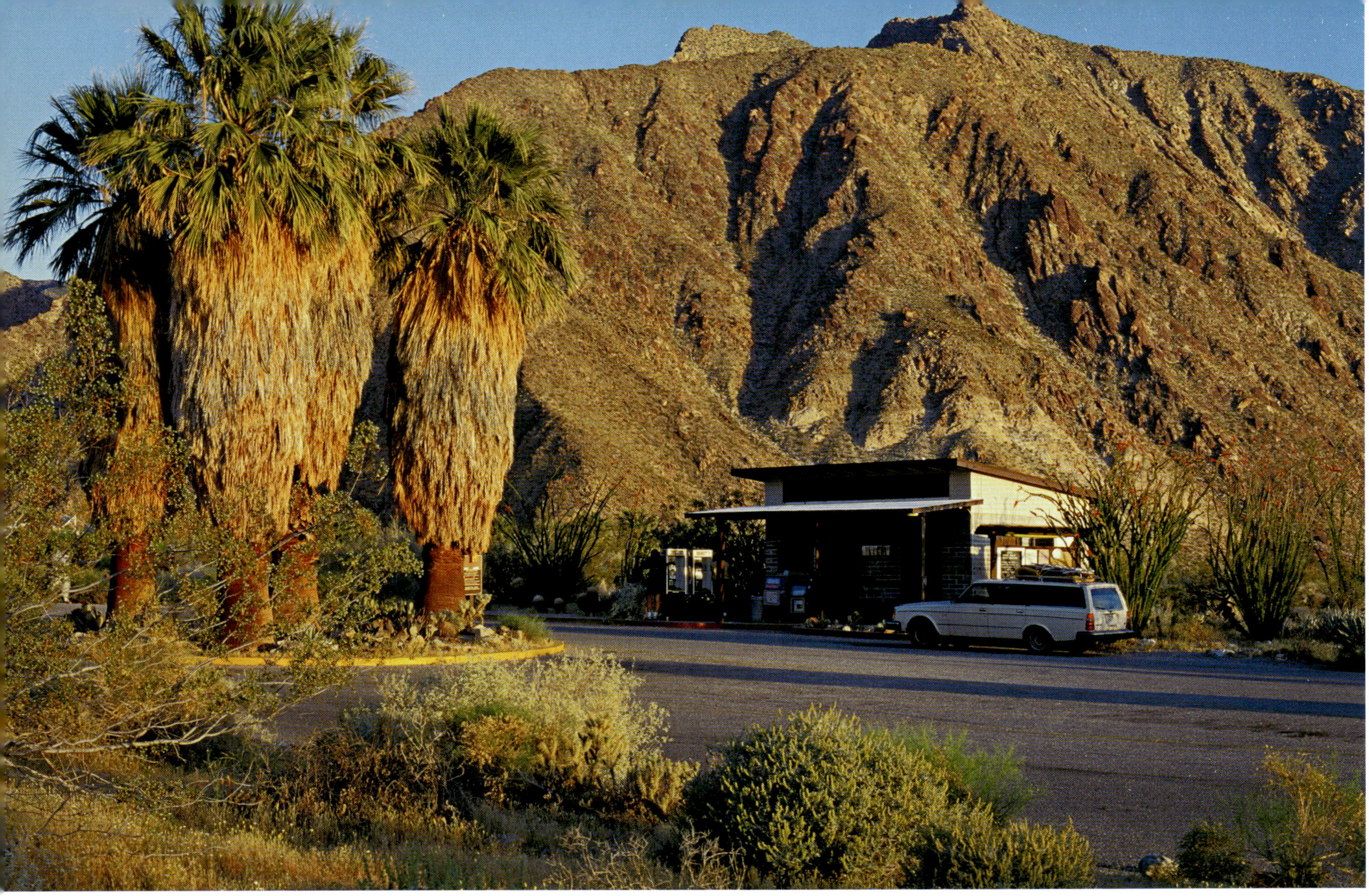

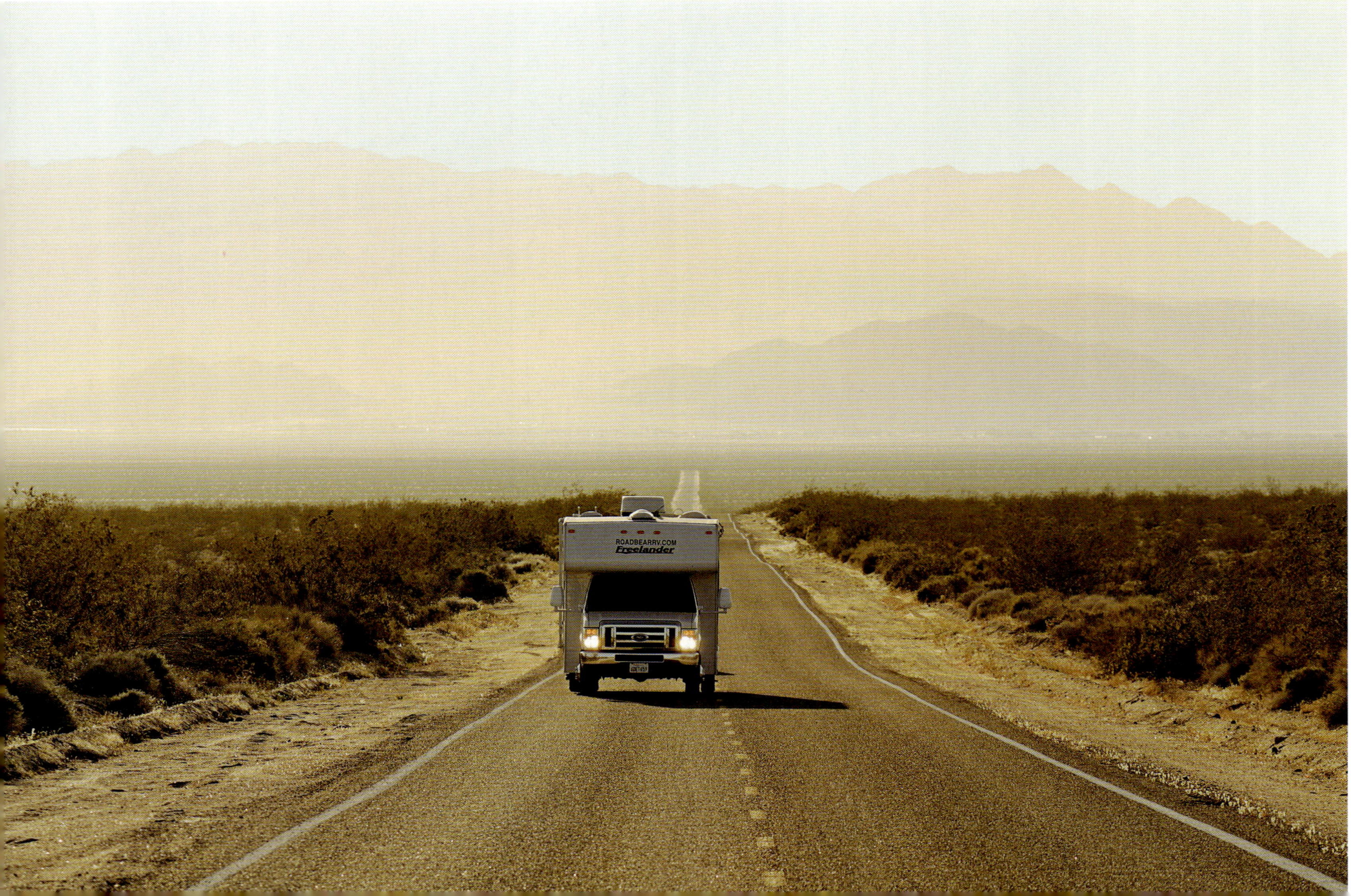
ROADBEARRV.COM
Freelander

Linke Seite oben:
Ab hier gibt es nur noch Wüste: Einfahrt
zum Anza-Borrego Desert State Park.
Das Pistennetz im Park bietet über 800 Kilometer – viel Platz für Entdecker also.

Linke Seite unten:
Nichts, nichts, nichts und ein Wohnmobil:
Kalifornien kann ganz schön wüstig sein –
wie hier bei Baker.

Oben:
Da muss selbst die Monroe lüften: In der Wüstenoase Palm
Springs scheint an 354 statistischen Tagen im Jahr die Sonne,
und die Niederschlagsmenge beträgt nur 15 Zentimeter –
so viel fällt in Europa oft während eines viertelstündigen
Schauers. Vor allem ihre warmen, trockenen Winter haben
die Stadt zu einem beliebten Wohnort älterer, wohlhabender
Kalifornier werden lassen.

Oben:
Seit 1938 für müde Autofahrer geöffnet:
Roy's Café & Motel an der Route 66 in
Amboy. Das große Werbeschild ist eines
der Wahrzeichen an der berühmten
„Mother Road".

Oben:
Das Death Valley im Landesinnern Kaliforniens ist die
heißeste und trockenste
Region des Kontinents. Stel-
lenweise liegt es 85,5 Meter
unterhalb des Meeresspie-
gels. Die höchste Temperatur
wurde 1913 gemessen:
56,7 Grad Celsius – da freut
man sich auf jede Abend-
dämmerung.

Rechts:
Zabriskie Point im Death
Valley National Park wurde
nach Christian Zabriskie benannt, dessen Unternehmen
hier zu Beginn des 20. Jahrhunderts Borax abbaute.
Filmfans kennen die Region
auch aus Michelangelo
Antonionis Roadmovie
gleichen Namens.

Seite 128/129:
Der Joshua Tree National Park ist ein über 3000 Quadratkilometer großes Schutzgebiet im Landesinnern. Namensgeber ist der Joshua Tree (deutsch: Josua-Palmlilie), der kein Kaktus, sondern eine Yucca-Art ist. Seinen Namen gaben ihm die Mormonen: Sie verglichen seine Äste mit den zum Himmel gereckten Armen Josuas.

Links:
Das hier könnte auch im Hochland von Chile sein, oder auf der Rückseite des Mondes: Salzpfanne bei Amboy an der Route 66.

Unten:
Der Ubehebe Krater im Death Valley ist knapp 7000 Jahre alt und entstand wahrscheinlich bei einer gewaltigen Detonation, als Magma an die Nähe der Erdoberfläche gelangte und dort auf Grundwasser traf.

Gebirgiges Rückgrat Kaliforniens – die Sierra Nevada

Die Sierra Nevada ist das gebirgige Rückgrat Kaliforniens und zieht sich über fast 600 Kilometer Länge von Chester im Norden bis nach Ridgecrest im Süden. Von Westen nach Osten steigt die Sierra sanft über die sogenannten „foothills" an; ihre östliche Seite fällt schroff zu den Wüsten Nevadas ab. Nördlich des Lake Tahoe sind die Sierra-Gipfel alle unter 3000 Meter hoch; südlich des Sees recken sich Dutzende Berge über 4000 Meter. Ihren Namen hat der Sierra Nevada der spanische Franziskaner-Pater Pedro Font 1776 gegeben, als er die Berge vom heutigen San Francisco aus zum ersten Mal in der Ferne sah: Sierra Nevada bedeutet im Spanischen so viel wie „schneebedeckte Gebirgskette".

Glühende Sierra Nevada:
Bergpanorama auf dem June
Lakes Loop bei Lee Vining.

Die Spanier konnten das damals nicht wissen, aber: Hundert Jahre später sollten diese Berge entscheidend werden für die Besiedlung Kaliforniens und des kompletten amerikanischen Westens. Die Gipfel des Gebirgszuges nämlich fangen die vom Pazifik heranziehende Feuchtigkeit ab; die Winter sind hier kalt, lang und schneereich. Bei der Schmelze im Frühjahr spülen dann Bäche und Rinnsale ein bestimmtes Edelmetall aus den Bergen in die Täler. 1848 löste ein kleiner Goldfund die größte Völkerwanderung seit den Kreuzzügen aus. Anschließend sollte in Kalifornien nichts mehr so sein, wie es einmal war. Rund 150 Jahre später ist die Sierra noch immer eine gefragte Region, wenn auch aus anderen Gründen.

View rush

Bei der Erschließung des Westens konnten die Siedler noch wenig mit dem schwierigen Terrain anfangen, zu steil war es fürs Vieh, zu steinig für den Pflug, zu verschneit fast die Hälfte des Jahres. Heute aber leben 30 Millionen freizeitbewusste Kalifornier so nah, dass sie die Sierra bequem am Mittag erreichen können, wenn sie frühmorgens losfahren. Und so ist nach dem „gold rush" nun der „view rush" ausgebrochen: Der Run auf die letzten freien Grundstücke für das Wochenendhaus mit Berg- und Seenpanorama, samt Parkplatz für den Geländewagen mit den Mountain-Bikes auf dem Dach. Und wenn nicht 70 Prozent

Rechts:
Wie ein Bild gerahmt: Blick auf den Lone Pine Peak in Kaliforniens Alabama Hills.

Unten:
Wenn einen die großen, majestätischen Panoramen Kaliforniens überwältigen, hilft oft ein Blick auf Details: Schmetterling am Mount Whitney Trail.

Oben rechts:
Allgegenwärtiger Kalifornier: Eichhörnchen gibt es fast überall – selbst in den Parks der Millionenstädte fühlen sie sich wohl. Lediglich Strände scheinen sie nicht zu mögen, aber dort stehen ja auch keine Bäume.

der Sierra Nevada unter Naturschutz ständen – es ginge hier bald zu wie in New Yorks Central Park am Sonntagnachmittag.

Nun kann man die Begeisterung für die Region an einem Urlaubstag – zum Beispiel im Frühsommer – problemlos nachvollziehen: Kein Wölkchen am Himmel (was der Statistik nach an sieben von zehn Tagen im Jahr so ist), und da unten liegt der Lake Tahoe wie ein gehämmerter Spiegel in der Morgensonne. Der See ist das touristische Epizentrum der Sierra, aber irgendwer hat den Besuchern offensichtlich gesagt, dass man ihn nur genießen könne, wenn man ihn im Auto umrundet – weshalb es sich auf der Seestraße jetzt staut. An den Hängen begegnet man dagegen keinem Menschen. Wahrscheinlich könnte man tagelang hier oben wandern und doch ganz für sich bleiben. Auf einem Felsen sitzen, auf den See hinunterschauen und den Eichhörnchen die „Bonanza"-Titelmelodie vorpfeifen. Die geht einem nämlich nicht mehr aus dem Kopf: Die Film-Ponderosa der Cartwrights stand früher gleich um die Ecke.

Unfassbar schön

Doch, das stimmt schon: Es gibt Momente, in denen dieser Lake Tahoe unfassbar schön sein kann. Beim Wachwerden zum Beispiel: Dann überzieht

Mark Twain hat nach einem Winter in der Sierra Nevada übrigens geschrieben, die Gebirgsluft statte eine ägyptische Mumie mit dem Appetit eines Alligatoren aus – da kann man sich gut vorstellen, wie dieser kristalline Sauerstoff auf Organismen wirkt, die sich noch nicht im eingeschrumpften Zustand befinden. Und dass man sich während seines Aufenthaltes hier besser viel, sehr viel bewegt, wenn man nicht mit einigen zusätzlichen Kilos nach Hause kommen möchte.

Unten:
Der Vernal Fall im Yosemite National Park ist 97 Meter hoch; sein oberes Ende kann über den „Mist Trail" erreicht werden, auf dem Wanderer oft in Wassernebel gehüllt sind.

die Morgensonne das Wasser mit einer strahlenschleudernden Goldfolie, und man kann zusehen, wie die Farbe des Sees langsam changiert. Zwanzig Minuten später liegt der Lake Tahoe da wie ein Lapislazuli, eingefasst von den schneebedeckten Gipfel der Sierra. Übrigens wechseln in der Sierra einige Seen ihre Farbe auch mit den Jahreszeiten: Der Mono Lake beispielsweise ist den ganzen Winter über grün wegen seiner Algen. Im Frühling schlüpfen dann Milliarden kleiner Krebse, die den See anschließend leer fressen, worauf er wieder blau ist. Der Silver Lake dagegen, versteckt gelegen an einer kleinen Panorama-Seitenstraße namens June Loop, der ist: tatsächlich silbern. Die Indianer glaubten früher, der Grund des Sees sei aus massivem Silber. Das plauderten sie dummerweise aus, worauf Goldwäscher auf der Suche nach dem Zweitbesten Tauchexpeditionen starteten, die so vorsintflutlich wie erfolglos waren.

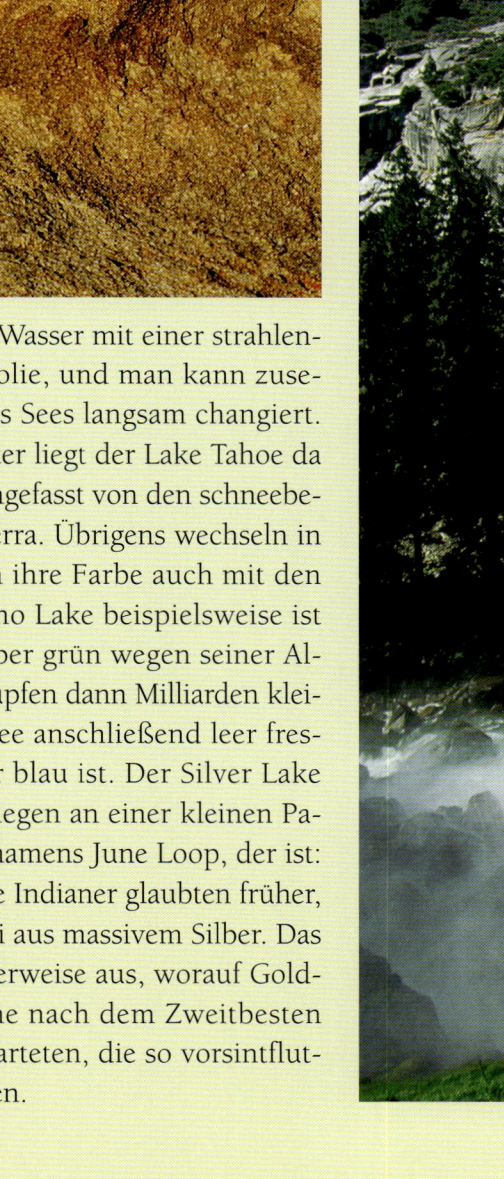

Seite 134/135:
Das Yosemite Valley ist das Herzstück des Nationalparks: Hierhin kommen die allermeisten Parkbesucher. Weil die allermeisten anschließend von hier aus wieder nach Hause fahren, ist es in den anderen Regionen des Parks oft menschenleer.

Ein Panorama, das die Nationalpark-Bewegung inspirierte: 1903 übernachtete der damalige US-Präsident Roosevelt zusammen mit dem Naturschützer John Muir drei Nächte am Glacier Point in Yosemite. Als er wieder zurück in Washington war, unterstellte er den Park der Bundesregierung – und rettete das Gebiet damit wohl vor den Sägen der Holzindustrie.

181 Meter donnert der Nevada Fall in die Tiefe. Seinen Namen hat er vom weißen Wassernebel, der in der Mitte des Sturzes durch einen quer liegenden Felsen entsteht – im Spanischen bedeutet „nevada" so viel wie schneebedeckt.

Linke Seite:
Vergessenes Juwel: Der Kings Canyon National Park zählt zu den weniger besuchten Nationalparks in Kalifornien. Vieles von dem, was Besucher im nahen Yosemite bewundern, findet sich auch hier – bloß ohne Staus und Menschenmassen.

Kalifornische Legenden –
YOSEMITE UND JOHN

Und jetzt: Zwei Legenden. Ein Mann, ein Nationalpark. Beginnen wir mit dem, beginnen wir mit Yosemite, dem berühmtesten Stück Natur im ganzen großen Kalifornien. Über drei Millionen Besucher kommen Jahr für Jahr und machen Jo-SÄ-mi-tie zum drittbeliebtesten Nationalpark des Kontinents (lediglich der Great Smoky Mountains National Park in Tennessee und Arizonas Grand Canyon National Park haben mehr Besucher, neun beziehungsweise 4,4 Millionen). Irgendwer hat recherchiert, dass es über kein anderes Stück kalifornische Natur mehr Literatur gibt, mehr Fotobände, mehr Kalenderblätter. Und kein anderes besitzt eine auch nur ähnlich kolossale emotionale Bedeutung wie der 1890 gegründete Nationalpark am Rande der Sierra

Oben:
Der Mann, der den Westen rettete – diesen Ruf genießt John Muir bei vielen Naturschutzfreunden der USA. Der Naturalist und Schriftsteller wurde 1838 geboren und setzte sich sehr früh für den Erhalt der US-amerikanischen Wildnis ein.

Großes Bild Mitte:
Überwältigend: Blick vom Glacier Point hinunter ins Yosemite Valley. Hier oben schlug der Naturschützer John Muir zusammen mit Theodore Roosevelt 1903 die Zelte auf – und überzeugte den Präsidenten, die Verwaltung des Parks dem Staate Kalifornien zu entziehen und der Bundesregierung zu übertragen.

Rechts:
Historische Begegnung: Mit Hilfe von Präsident Roosevelt gelang es Muir, Yosemite unter Schutz zu stellen.

Nevada. Yosemite ist ein Wahrzeichen. Eine Legende. Ein Mythos, tief und fest verankert in der amerikanischen Psyche – Yosemite ist Amerika. Oder zumindest Kalifornien.

Präsident auf Zeltlager

Als sein Schicksal zum ersten Mal auf der Kippe stand, überredete der Umweltschützer John Muir den damaligen Präsidenten der USA zu einem dreitägigen Zeltlager im Park. 1903 war das und Yosemite noch etwas kleiner, der kalifornische Staat verwaltete den Park eher leger und ließ die Holzindustrie in den Mammutbaum-Hainen just außerhalb seiner Grenzen wüten – nach seiner Reise aber vergrößerte Teddy Roosevelt das Schutzgebiet und unterstellte es dem strikten Schutz

MUIR

Washingtons. Später kümmerte er sich immer wieder um Amerikas bedrohte Natur, sichtlich beeindruckt von den Nächten unter den Sternen. Und von John Muir, der ihm das alles gezeigt hatte.

Universalgelehrter

Wer war dieser Mann, der einen Präsidenten überzeugen konnte? Muir, geboren 1838 im schottischen Dunbar, war das, was man heute einen Universalgelehrten nennen würde. Lange Jahre seines Lebens verbrachte er in der kalifornischen Sierra und in Alaska und beschrieb deren Natur in Büchern, die Bestseller wurden. Früher als die allermeisten seiner Zeitgenossen erkannte Muir den Wert, den Wildnis für den Menschen haben

kann. Der von ihm 1892 gegründete Sierra Club war eine der ersten Naturschutzorganisationen und ist bis heute die mächtigste Stimme der nordamerikanischen Umweltschutzbewegung.

Am Ende waren es dann aber wohl Muirs Campingnächte mit dem Präsidenten, die die bedeutendsten Folgen für die Wildnis in den USA haben sollten. Nach ihnen entschied sich das Schicksal Yosemites, und wenn Yosemite nicht gewesen wäre, würde es heute möglicherweise auch den Glacier National Park nicht geben. Oder Canyonlands oder Big Bend oder Arches. Vielleicht hätten wir dann überhaupt keinen Nationalpark in den USA.

John Muir starb an Heiligabend 1914 in Los Angeles. Heute tragen Fernwanderwege, Schutzgebiete, Hochschulen und Stiftungen seinen Namen. Und ein Asteroid im Weltall, 128523 Johnmuir. Das hätte ihm gefallen, ganz bestimmt.

Unten:
Das Giant Forest Village im Sequoia National Park war früher deutlich größer. Viele Bauten wurden abgerissen, weil sie die Wurzeln der Mammutbäume beschädigten.

Ganz unten:
Hier genießt man seinen Drink nach einem langen Tag im Park: Lobby des Ahwahnee Hotels im Yosemite Valley.

Rechts:
Das Ahwahnee Hotel beherbergt schon seit 1927 Besucher im Yosemite National Park. Stanley Kubrick diente es als architektonisches Vorbild für das Overlook Hotel aus dem Film „Shining", in dem Jack Nicholson zum von Erscheinungen getriebenen Mörder wird.

Oben:
From here to Eternity: Vom
Aussichtspunkt Moro Rock
im Sequioa National Park
kann man bis in alle Ewigkeit
schauen.

Rechts:
Reich der Riesen: Im Giant
Forest des Sequoia National
Park stehen die größten
Mammutbäume des Parks.

Links:
Tuff-Formationen am Mono Lake. Der alkalische Salzsee liegt östlich des Yosemite in der Nähe der Ortschaft Lee Vining. In den vergangenen Jahren ist der Wasserspiegel des Mono Lakes dramatisch gefallen, weil immer mehr Wasser zur Trinkwasserversorgung von Los Angeles abgeleitet werden musste.

Unten:
Mutter aller Geisterstädte: Keine andere Siedlung aus der Goldgräberzeit ist so gut erhalten wie Bodie in der Nähe von Lee Vining. Die Geisterstadt ist mittlerweile ein State Park und steht unter Schutz. Wegen der geringen Luftfeuchtigkeit ist Bodie prächtig konserviert.

Dinosaurier unter den Bäumen –
SEQUOIAS

Oben:

Bis zu 60 Zentimetern kann die Rinde älterer Mammutbäume dick sein. Die Borke schützt vor allem vor Waldbränden, die während eines bis zu zwei Jahrtausenden währenden Baumlebens ja einige Male vorkommen können. Gegen Axt und Säge hat er natürlich keine Chance.

Oben rechts:

Wie geht der Mensch mit derart gewaltiger Größe um? Auf gar keinen Fall darf er die Mammutbäume unbeschadet lassen, das wäre ja noch schöner. Also marschiert die Kavallerie mal schnell auf den Stamm eines gefällten Riesen.

Mitte:

Morgenstimmung in den Redwood National and State Parks im nördlichen Kalifornien. In den Schutzgebieten entlang der Küste steht beinahe die Hälfte aller noch existierenden Mammutbäume.

Vielleicht hilft es, wenn man sie als die „Dinosaurier unter den Bäumen" bezeichnet – dann lassen sich all die Superlative besser einordnen, die sie umgeben. Mammutbäume sind die mächtigsten Gewächse der Welt und die größten Lebewesen auf dem Planeten. Einige Exemplare sind älter als die christliche Zeitrechnung. Bei anderen müssen sich acht oder neun oder zehn Menschen an den Händen fassen, um einmal um den Stamm greifen zu können. Die schwersten wiegen etwa 2400 Tonnen (ein Blauwal bringt es auf 140). Wenn man in einen Wald tritt, in dem sie stehen, hat es den Anschein, als gehe man mitten hinein in die Kulissen eines Fantasy-Filmes. Die Luft wird augenblicklich klarer und kühler, man läuft über Moos und zwischen großen Farnen hindurch. Und bekommt ziemlich schnell Genickschmerzen. Weil man immerzu den Kopf in den Nacken legt, um die Kronen der Bäume zu sehen, hoch oben, weit weg.

Vom kalifornischen Mammutbaum gibt es zwei Arten: Der Küstenmammutbaum (Sequoia sempervirens) wächst in einem schmalen, lang gezogenen Gebiet nahe des Pazifiks (und weiter nördlich bis nach Oregon). Den Riesenmammutbaum (Sequoiadendron giganteum) findet man weiter südlich und im Landesinnern, zum Beispiel in dem nach ihm benannten Sequoia & Kings Canyon National Park der Sierra Nevada. Im Englischen bezieht sich die Bezeichnung „Californian Redwood" auf beide Arten; der botanische Name Sequoia ehrt den Erfinder der Cherokee-Schrift, Sequoiah.

Als die ersten Europäer in die Neue Welt kamen, erstreckte sich ein ununterbrochener Waldteppich über weite Teile des Kontinents – ein Eichhörnchen, heißt es, habe vom Atlantik bis zum Missis-

Links:
Der Fern Canyon im Prairie Creek Redwood State Park ist ein beliebter Drehort für Hollywood: In der Schlucht mit ihren bis zu 15 Meter hohen Farnen wurden beispielsweise Szenen aus „Jurassic Park" gefilmt.

Kathedralen der Sierra

Was geblieben ist, sind kümmerliche Reste: hier ein Hain, dort eine Gruppe, manchmal sogar nur ein einzelner Baum, der wie ein mahnender Zeigefinger in den Himmel ragt. Aber selbst die letzten Überlebenden schaffen es, eine Ahnung davon zu vermitteln, wie es hier früher einmal ausgesehen haben muss. Man schaut nach oben und kann es nicht fassen, also setzt man sich vorsichtig in ihren Schatten und denkt erst einmal an überhaupt nichts. Hoch oben fächern Äste und Nadeln die Sonne zu feinen Strahlen auf, in denen Bienen wie im Scheinwerferlicht einer Bühne hin- und hersummen. Warm ist es, auf der Haut, und tief drinnen auch. Nach ein paar Minuten unter dieser Strahlendusche stellt sich ein Gefühl dafür ein, weshalb Kaliforniens Mammutbäume auch „Kathedralen der Sierra" genannt werden – die Stille hier ist wie die in einem Tempel oder einer Kirche. Ein Hauch von Wehmut liegt in der Luft, ein Moment der Traurigkeit. Und ein Satz von John Muir: „Der einfachste Weg ins Universum", hat der geschrieben, „führt durch die Wildnis eines Waldes."

sippi von Ast zu Ast hüpfen können, ohne ein einziges Mal auf den Boden springen zu müssen. Doch mit den ersten Siedlern fielen die ersten Bäume, und je mehr Menschen nach Westen drängten, umso breiter wurden die Schneisen in den Wäldern. Später professionalisierte die Holzindustrie den Kahlschlag, und Naturschützern gelang es nur langsam, viel zu spät oder überhaupt nicht, dem Wüten der Kettensägen Einhalt zu gebieten. Heute sind über 95 Prozent der alten Wälder verschwunden, und auch von den Mammutbäumen stehen nicht mehr viele.

Oben:
Der Grizzly Giant ist zwischen 1900 und 2400 Jahre alt. Der 64 Meter hohe Redwood steht im Mariposa Grove im Yosemite National Park.

Oben links:
Eine Frau, ein Pferd mit Reiter und ein großer Baum, ein sehr großer Baum: Manchmal erkennt man die wahren Dimensionen erst im Vergleich.

145

Oben:
Postkartenpanorama:
Wohnmobil bei Mammoth
Lakes mit der Sierra Nevada
im Hintergrund.

Rechts:
Morgenstimmung am Silver
Lake. Der See liegt am
June Lakes Loop, einer
bezaubernden Rundstrecke
in der Nähe von Lee Vining.

Oben:
Die Sierra Nevada Mountains spiegeln sich im June Lake, der ebenfalls am June Lakes Loop liegt.

Links:
Ah, tut das gut! Eine Familie badet in einem natürlichen Hot Tub, einem Basin mit heißem Quellwasser in der Nähe von Mammoth Lakes in der kalifornischen Sierra.

Seite 148/149:
Der Mount Whitney mit seinen 4421 Metern ist der höchste Berg der USA außerhalb Alaskas und ein beliebtes Ziel für Bergsteiger – die Route hinauf gilt als technisch einfach.

Linke Seite:
Fast auf Wolkenhöhe (1): Atemberaubende Landschaften in der Desolation Wilderness am Lake Tahoe, einem der mit fast 1900 Metern höchstgelegenen Seen der USA.

Der Lake Tahoe an der Grenze zu Nevada ist zudem der größte alpine See der USA – und mit einem Wasserstand von 500 Metern auch einer der tiefsten. Im Winter wird in den Bergen um ihn herum Ski und Snowboard gefahren; im Sommer zieht es Kanuten, Kajaker und Parasailer auf sein Wasser.

Fast auf Wolkenhöhe (2): Wer den Lake Tahoe per Parasailing erkundet, bekommt als Belohnung für seinen Einsatz Perspektiven wie diese.

Seite 152/153:
Als ob das Wasser in Zeitlupe fließen würde: Die beeindruckenden Eagle Creek Falls am Lake Tahoe.

151

REGISTER

IMPRESSUM

Buchgestaltung
SILBERWALD
Agentur für visuelle Kommunikation, Würzburg
www.silberwald.biz

Karte
Fischer Kartografie, Aichach

Bildnachweis
Alle Bilder von Christian Heeb mit Ausnahme folgender:
Archiv des Verlages: S. 54/55 Mitte, S. 55 oben links, S. 66 unten, S. 67 oben links, S. 138 links oben und unten, S. 139 oben links und rechts, S. 144 oben links und rechts; S. 113 oben links: Oreos/Wikipedia

Printed in Germany
Repro: Artilitho snc, Lavis-Trento, Italien
www.artilitho.com
Druck/Verarbeitung:
Offizin Andersen Nexö, Leipzig

© 2014 Verlagshaus Würzburg GmbH & Co. KG
© Fotos: Christian Heeb
© Texte: Stefan Nink

ISBN 978-3-8003-4445-1

Unser gesamtes Programm finden Sie unter:
www.verlagshaus.com

Früher Konservenfabrikgelände, heute Touristenattraktion: An Montereys Cannery Row wurden einst Sardinen verarbeitet – heute kommen Tagesgäste und Durchgangsreisende.